QUESTIONS DE GRAMMAIRE

ET DE

LINGUISTIQUE

BRITTONIQUE

PAR

J. LOTH

PROFESSEUR AU COLLÉGE DE FRANCE

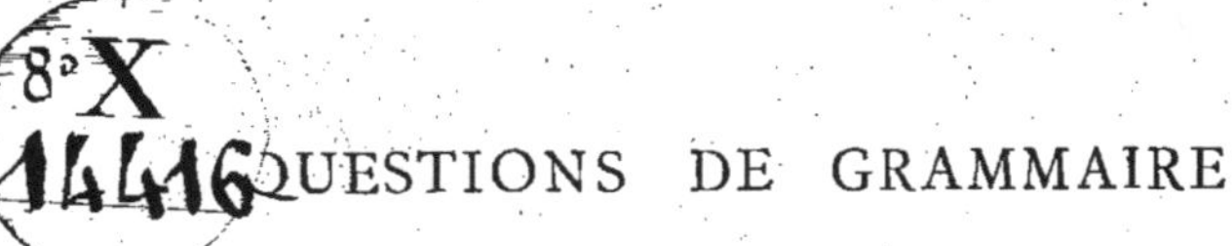

FASCICULE I

LA PARTICULE VERBALE *RO*
DANS LES LANGUES BRITTONIQUES

PARIS

LIBRAIRIE H. CHAMPION, ÉDITEUR

5, QUAI MALAQUAIS, 5

1911

ŒUVRES

DE

FRANÇOIS RABELAIS

ÉDITION DE LA SOCIÉTÉ DES ÉTUDES RABELAISIENNES

PUBLIÉ PAR

MM. ABEL LEFRANC
Professeur au Collège de France

Jacques BOULENGER, H. CLOUZOT, P. DORVEAUX
J. PLATTARD ET L. SAINÉAN

TOME PREMIER

GARGANTUA

Édition critique avec variantes, notes et commentaires.

Un volume en deux parties in-4º ensemble d'environ
800 pages, avec planches.

Cette édition préparée et rédigée par un groupe de membres de la Société des Études Rabelaisiennes, sous la direction de M. Abel LEFRANC, et grâce à la libéralité de Mᵐᵉ la Marquise ARCONATI VISCONTI, comprendra toute l'œuvre de Rabelais, avec biographie et glossaire. Elle formera environ 8 volumes auxquels on souscrit.

M. Jacques BOULENGER s'est chargé de l'établissement du texte. Le commentaire a été rédigé par MM. H. CLOUZOT : éléments historiques et géographiques, coutumes, etc. ; Dʳ P. Dorveaux : sciences, médecine, pharmacie ; J. PLATTARD : humanisme, littérature ecclésiastique ; L. SAINÉAN : philologie.

D'amples introductions figureront, en outre, en tête de chaque volume.

Pour permettre d'apprécier la richesse et la nouveauté de la documentation nous envoyons sur demande un fac-similé d'une page du Prologue et d'une page du texte avec les variantes et les notes.

Cette édition, si impatiemment attendue, marquera une date dans l'Histoire littéraire.

Les deux volumes de GARGANTUA se vendront ensemble et environ 10 fr.

Il a été tiré 50 exemplaires sur hollande Van Gelder à 25 fr. environ et 25 sur Japon à 35 fr. environ

Il est fait aux membres de la Société des Études Rabelaisiennes une remise de 25 ⁰/₀ pour 1 exemplaire.

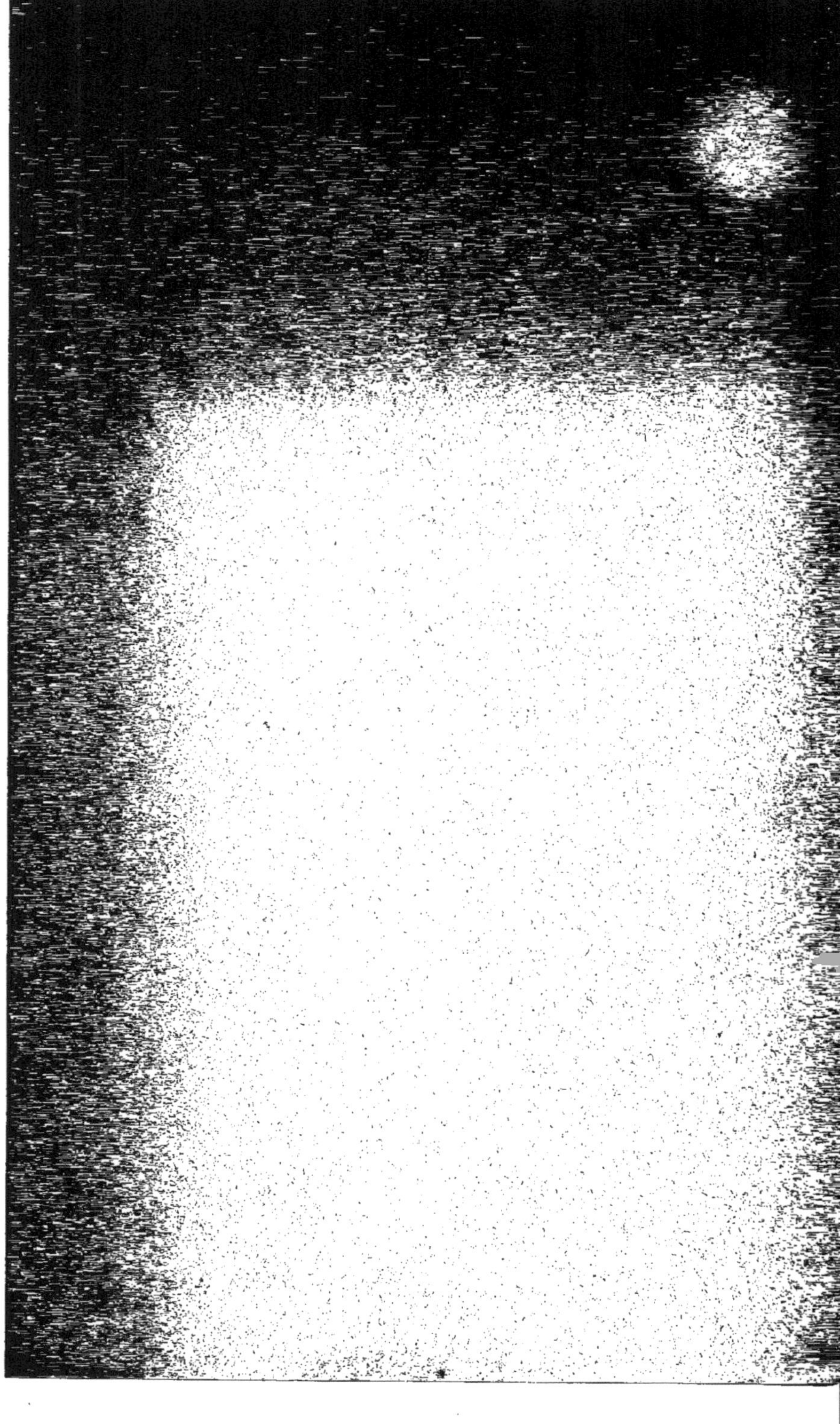

QUESTIONS DE GRAMMAIRE

ET DE

LINGUISTIQUE BRITTONIQUE

MÂCON, PROTAT FRÈRES, IMPRIMEURS

QUESTIONS DE GRAMMAIRE

ET DE

LINGUISTIQUE

BRITTONIQUE

PAR

J. LOTH

PROFESSEUR AU COLLÈGE DE FRANCE

FASCICULE I

LA PARTICULE VERBALE *RO*
DANS LES LANGUES BRITTONIQUES

PARIS

LIBRAIRIE H. CHAMPION, ÉDITEUR

5, QUAI MALAQUAIS, 5

1911

QUESTIONS DE GRAMMAIRE

ET DE LINGUISTIQUE BRITTONIQUE

I

La particule verbale *ro-(ry-)* en gallois, cornique et breton. — *Sa valeur ; — sa construction ; — son effet sur les consonnes initiales ; — la partitule* yr, y *; — les formules* or a, ar a.

La *Grammatica Celtica*[2] résume la valeur de *ry-* en disant que cette particule marque *l'achèvement, le parfait*; elle constate son existence avec les prétérits primaire et secondaire et lui attribue la vertu d'apporter à l'infinitif et au conjonctif la valeur prétéritale.

Williams ab Ithel (*Dosparth Edeyrn Davod aur*, p. 130) signale à propos de *ry-* des lacunes chez Zeuss. Il prouve son emploi au *présent*, à *l'imparfait* et au *futur*, par des exemples irrécusables. Il soutient également avec raison contre la *G. Celt.* (et d'autres depuis) que *ry-* peut être séparé du verbe par un pronom infixe.

La particule *ro-* en irlandais a été depuis quelques années l'objet d'études importantes. On les trouvera résumés avec de notables additions dans le travail de Strachan, *Action and time in the irish verb.* 1900 (Extrait des *Philological Society transactions*).

La découverte de Zimmer qu'il y avait entre *asbert* et *asrubart*, en vieil-irlandais, une différence très nette de sens contrairement à ce qu'on avait soutenu jusqu'alors et ce qu'avait soutenu Zimmer lui-même, a fait faire un pas à la question (*Kuhn Zeitschrift*, XXXVI, p. 463 et suiv.).

Le travail de Thurneysen (*ibid.*, XXXVII, p. 52 et suiv.) rectifie sur certains points et complète celui de Zimmer; il propose aussi une autre explication de l'origine du rôle de la particule *ro-*. Dans ces travaux, le rôle de *ro-* en brittonique n'a pas été oublié.

Enfin tout dernièrement, Strachan a signalé un emploi de *ro-* en gallois analogue à celui de *ro-* en irlandais avec le sens de la *possibilité*. Quelques remarques intéressantes ont suivi dans un autre fascicule de la même publication [1].

Sur un point spécial qui touche d'assez près à la question de *ry-*, en gallois, Zimmer a fait paraître un travail très suggestif, malgré quelques erreurs de détail et une documentation incomplète, sur les formules *or a, ar a* (C. Z., XI, p. 86 et suiv. sous le titre de *Grammatische Beiträge*).

Toutes ces recherches néanmoins, en ce qui concerne *ro-* en brittonique, sont incomplètes sur certains points et en laissent d'autres dans l'ombre. De plus, tous opèrent sur des matériaux insuffisants. Le travail qui suit repose sur des notes déjà vieilles que je me proposais d'utiliser dans la partie grammaticale de l'introduction d'une édition du Livre noir de Carmarthen avec traduction et commentaire; d'autres travaux d'une tout autre nature m'ont empêché de la terminer mais ce n'est que partie remise. Comme à l'époque où cette édition paraîtra, ces recherches pourraient avoir perdu de leur actualité, je les livre à la publicité; si elles ne donnent pas une solution complète de la question, elles fournissent en tout cas des matériaux abondants et épargneront aux travailleurs des investigations longues et difficiles. Ce travail sera suivi de d'autres, sur les autres particules verbales, sur les formes équivalentes au sens d'*avoir* en gallois, sur la négation, le relatif, l'infection vocalique, etc. [2]

L'étude de la particule *ro-*, en brittonique, est infiniment plus délicate et plus difficile qu'en irlandais, en ce sens

1. Eriu, vol. II. *Part* I, p. 60; welsh *ry-* = *Irish ro-* of possibility; — *ibid.*, Further remarks on welsh *ry-*, p. 215 et suiv.

2. Le présent travail a été adressé en manuscrit à la *Revue Celtique* en juin 1906.

que nous n'avons pas, même en gallois, de textes aussi anciens que les gloses du vieil-irlandais.

Le *Livre d'Aneurin*, assurément, a été composé antérieurement au xie siècle, probablement sous la forme où il nous est parvenu, au ixe-x^e, mais il a subi des remaniements ou des rajeunissements postérieurs. Les parties les plus anciennes du Livre noir que l'on puisse dater, ne remontent pas plus haut que la fin du xie ou le commencement du xiie siècle. Deux pièces faciles à dater sont du xiie, et une authentiquement de la fin de ce siècle ; d'autres sans date, d'après certains événements qui y sont mentionnés, sont également de la fin de ce siècle. Pour le *Livre de Taliesin*, il est très disparate ; il y a des pièces très anciennes, d'autres relativment récentes. Il en est de même de la portion des poésies du Livre rouge, publiées par Skene ; ici, en général, les pièces, à part un petit nombre, sont du moyen-gallois [1]. Quoiqu'il en soit, la langue de ces poèmes, en général, ne diffère guère grammaticalement de celle des poèmes de la *Myv. Arch.*, allant authentiquement du milieu du xiie siècle à la dernière moitié du xiiie siècle. Chez les poètes le rôle de la particule *ry-*, en particulier, se restreint ; chez Dafydd ab Gwilym, son emploi est fort rare. Il en est de même chez Iolo Goch, mort au commencement du xve siècle, chez Lewis Glyn Cothi (xve siècle).

La langue des poèmes du xiie et du xiiie siècle est fort différente de celle des poèmes du xive et du xve siècle. Elle diffère aussi considérablement de la prose même des écrits contemporains. Cet écart entre la prose et la poésie, n'a rien de surprenant ; c'est un fait qui a été observé un peu partout. La différence est peut-être encore plus prononcée en gallois, parce que la poésie galloise, à ces époques, avait derrière elle un long passé et une très ancienne culture. Pour l'évolution si brusque de la langue poétique, il y a des motifs

---

1. *Revue Celtique*, 1900, fasc. I, II et III (J. Loth, *Remarques* aux *Four ancien books of Wales* ; cf. *Métrique galloise* II, 1re partie, préface et *passim*). — *Revue Celtique*, 1901, p. 438 (J. Loth, *Corrections au point de vue métrique au Livre noir de Carmarthen*).

de plus d'une sorte, un surtout qui tient aux destinées même du pays de Galles, à son histoire. La culture nationale, et en particulier celle de l'art poétique, n'a pas longtemps survécu à la perte de l'indépendance galloise, à la fin du xiiie siècle. Tant que le pays de Galles a vécu d'une vie nationale, le bardisme a été une institution d'état, il y a eu un enseignement officiel de la poésie, et l'étude des poèmes du xiie-xiiie témoigne d'une culture savante et raffinée, exclusivement galloise. Un des poètes les plus connus de la fin du xiie à la première moité du xiiie siècle, Dafydd Benfras déclare qu'il n'a jamais su le saxon[1]. Souvent, les poètes parlent avec fierté de leur *coeth gymraeg*, gallois pur. Il n'est pas rare qu'ils prennent soin eux-mêmes de faire remarquer les artifices et l'art de leurs compositions.

Dès la chùte de l'indépendance, l'écart entre la langue courante et la langue littéraire s'atténue. Les sujets eux-mêmes changent. Quoique la langue de Dafydd ab Gwilym soit excellente et très souple, le vocabulaire est déjà moins abondant et moins pur. Peu à peu le bardisme, encore honoré au xive siècle, malgré la perte de son rôle national, perd de sa valeur littéraire et morale ; au xvie siècle, les bardes sont méprisés, comme en témoignent les railleries de Griffith Roberts et, justement, d'après lui. Or au xvie siècle, comme en témoignent les vocabulaires manuscrits de cette époque, dont les erreurs ont passé par Davies, et d'autres, à Owen Pughe (sans parler des siennes propres), on ne comprend plus guère la langue des poèmes du xiie siècle.

Pour la poésie, je m'appuie principalement sur les *Four ancient books*, en particulier sur le *Livre noir*, le *Livre d'Aneurin*, le *Livre de Taliesin*, et sur les poèmes de la *Myv. Arch.* des xiie xiiie siècles. Il y a, dans les poèmes de la *Myv.*, quelques erreurs au sujet des dates et des attributions, mais elles ne sont pas nombreuses : j'ai relevé les plus importantes dans ma *métrique galloise*[2]. Il y a aussi, dans l'orthographe, des rajeunis-

---

1. *Myv. Arch.*, 222. 1.

2. *Métrique galloise*, II, 1re partie, pp. 15, 25, 31, 33, 35, 36, 38, 41, 44, 46, 47, 55, 58, 72, 73, 77, 79, 85, 92 note 1 ; p. 103 note 1 (et 104-105), 123, 173 note 3, 207 et note 1, 213, 248, etc., etc.

sements, en général, faciles à contrôler par l'étude de la métrique [1].

Pour la prose, le plus ancien texte suivi nous est fourni par les Lois, mais il est important de distinguer ici les sources manuscrites. La rédaction des *Lois* remonte bien au temps de Howel Dda, mais il est clair que le texte primitif a été de siècle en siècle rajeuni au point de vue grammatical et orthographique et aussi a subi des remaniements et des additions. Le *ms.* le plus ancien, *ms. A* de l'édition d'Aneurin Owen remonte à 1200; mais c'est une copie d'un manuscrit beaucoup plus ancien comme le prouvent les formes archaïques *dressou, troith, bucc, hycc*, etc., formes qui témoignent de l'existence d'un archétype en vieux-gallois, comme l'a judicieusement fait observer Gwenogfryn Evans [2]. Malheureusement le texte du ms. a été reproduit d'une façon assez défectueuse par Aneurin Owen, sans parler des malencontreuses additions dont il l'a émaillé inutilement en faisant appel à d'autres *mss*. J'ai particulièrement étudié la portion des textes d'Aneurin Owen qui repose sur ce manuscrit, et tenu compte des variantes des autres *mss.*, variantes souvent très instructives pour l'histoire de la particule [3].

L'histoire de Gruffudd ab Cynan, roi de Nord-Galles, mort vers 1137, histoire dont les sources ont dû être réunies peu de temps après sa mort, est un document instructif, même au point de vue grammatical. Le texte de l'*Archaeol. Cambrensis*, XII, 3ᵉ série, pp. 20, 112, 369, est préférable à celui de la *Myv. Arch.*; il reproduit avec fidélité le texte d'un *ms.* de Hengwrt 406, aujourd'hui Peniarth 17[4]; manuscrit du milieu du XIIIᵉ siècle. Il est probable que la rédaction n'est pas beaucoup plus ancienne, car l'auteur dit qu'il suit un vieil historien.

---

1. Pour les sources *mss.*, cf. J. Loth, *Les principales sources des poèmes du XII-XIVᵉ siècle dans la Myv. Arch. (Revue Celtique*, 1903, p. 13 et suiv.).

2. *Report on ms. in the welsh Language*, I. Part. II, p. 359.

3. D'après Gwenogfryn Evans, *ibid.*, le ms. A (Peniarth 29) correspond aux pages 2-80, 108-110, 80-106, 110-166, 254-334 du vol. 1 de l'édition d'Aneurin Owen, et aux pages 1-20 du tome II.

4. Gwenogfryn Evans. *Report on ms. in the welsh language,* I. Part, II, p. 339.

Le *Brut y Tywysogion* n'allait pas d'abord plus loin que l'an 1196, date de la mort de Rhys ab Gruffudd, roi du sud Galles. Je l'ai parcouru avec soin. Les *Mabinogion* offrent un égal intérêt au point de vue de la langue. C'est la même langue que celle des publications parues sous le titre de *Selections from Hengwrt mss.*

Pour le cornique, j'ai fait un dépouillement complet du *Pascon agan arluth, Gureans an bys, Beunans Meriasek,* sans négliger les textes en cornique moderne.

Pour le breton, il y a peu de chose à ajouter à ce qui est déjà connu.

A

VALEUR DE *RY* EN GALLOIS

A ne considérer que les textes en prose, l'emploi de *ry-* est restreint et sa valeur tend à diminuer de plus en plus du xiie au xve siècle. En poésie jusque vers la fin du xiiie siècle, son emploi est beaucoup plus étendu. *Ry* se montre même avec des formes verbales où sa valeur n'apparaît pas nettement, où son rôle pourrait être aussi bien et est effectivement parfois joué par d'autres particules comme *dy-*, où même sa présence paraît inutile. La poésie est, en effet, non seulement *archaïsante* mais aussi *néologisante*, tant par besoin de produire de l'effet que pour les nécessités de la l'allitération et de la rime si impérieuses dans le système gallois. Ce fait, par exemple, est surtout frappant dans les poèmes à longues laisses où des thèmes apparaissent avec des suffixes de dérivation assez inattendus.

Aussi est-il difficile, dans l'état que nous présente la particule *ry-*, en gallois moyen, de déterminer ce qui, dans son emploi, est réellement ancien, sans avoir recours d'un côté à l'irlandais, de l'autre, au cornique et au breton.

Il y a aussi, dans cette question, un écueil à éviter, c'est de ne considérer que les formes avec *ry-* et de ne pas examiner les mêmes formes verbales sans *ry*, dans les textes de la même époque.

Pour le verbe, une tendance des plus frappantes, c'est le besoin évident qu'éprouve la langue, dès le XIIe siècle et avant, d'arriver à une précision plus grande dans la distinction des degrés dans le temps et la forme de l'action. Elle y arrive par l'emploi de formes verbales comme le plus-que-parfait, par l'emploi d'adverbes ou prépositions précisant le temps; par le dévelop pement continu de la conjugaison analytique; par l'emploi de plus en plus fréquent d'auxiliaires comme *darfod,* comme le verbe à signification de *faire*, qui restreignent l'emploi de *ry-* dans ses principales fonctions de particule temporelle et perfective. Il est frappant que le cornique moderne a remplacé *ry-* par *grig, rig (grüg)*, et lui a donné la même place. C'est si vrai que Lhwyd, dans son *Archaeologia*, p. 231, col. 2 [16], a écrit ces lignes curieuses :

« The particle *rig* (*did*) which is commonly premised to the Preter Time, is generally abridged to *Ry* or *Re* and writen either separately as : *me rygoskas,* I have slept, or to the verb : as *me rygollas* have lost (cf. p. 244, col. 2 : *ti rygueles, hwi rygguelaz*. »

Richards (*a britisb-welsb or welsh-english Dict.*, 3e éd., 1815, *rhy*, p. 367) est tombé dans la même illusion « *Rhy, did made.* It is an abbreviation of *gwrug, wrug* or *orug* still retained in the cornish : E. Lh. *E ry dothoedd* or *rhydothoedd*, he came, he did come. »

Même théorie pour le breton, chez Dom Le Pelletier, *Dict. de la langue bretonne*, 175², à *ra*, p. 729 : « *Ra* est auxiliaire, formant avec un nom substantif une espèce de conjugaison de ce nom mais qui est proprement celle de ce *ra*, lequel est *gra*, faire, et cette conjugaison marque l'action de ce que signifie le nom qui y est joint. Exemple : *len a-ra,* il dit : à la lettre, *il fait lecture...*, mais il a un usage tout particulier dont voici quelques exemples : *Ra vihot salvet*, que vous soyez sauvés; *Doüe r'ho caro*, que Dieu vous aime, où *r'* est pour *Ra* et du futur fait l'optatif, répondant assez au latin *Faxit Deus* qui est, si je ne me trompe, pour *faciat ut sit*. »

Il est certain, sans même avoir recours au vieil irlandais, en s'en tenant au gallois seulement, que *ry-* a eu un rôle plus étendu au point de vue temporel, mais il n'y en a pas moins là une indication précieuse et justifiée dans une grande mesure, par le rôle de la particule *ry-* dans les trois groupes brittoniques et en particulier par l'ensemble même de son rôle en moyen-gallois où on peut le suivre plus longtemps.

Avant de donner des conclusions plus rigoureuses, j'étudie *ry-* avec toutes les formes verbales auxquelles elle se trouve associée. Je n'abuse pas des subdivisions qui ne seraient pas inutiles mais qui sont parfois délicates et risquent d'être arbitraires. La traduction indique suffisamment les variations de sens que le même temps avec *ry* peut exprimer. Ces traductions, pour la poésie, ne sont pas toujours aussi rigoureuses que je l'eusse désiré, mais pour y arriver j'aurais dû m'engager dans des recherches et des études critiques hors de proportion avec le profit que j'en aurais tiré et dépassant le but que je vise.

VIEUX GALLOIS

Les gloses ne nous donnent qu'une forme avec *ry-* : *dirgatisse*, gl. *concesserat* (*Mart. Capella*). Cette forme se décompose en *di* + *ro* + *gal-* et est un plus-que-parfait, 3ᵉ pers. du sing. d'un verbe qui est actuellement *dy-adu*, qui a le même sens.

Les deux poèmes du ms. de Juvencus, publiés par Skene (*Four anc. books*, II, p. 2) présentent malgré l'obscurité résultant de la mutilation du texte (je parle du premier poème) quelques formes avec *ry-* :

Ritpucsaun mi de Trintaut, « je t'avais désiré moi, toi, ô Trinité. » *Rit-pucsaun* est un plus-que-parfait indicatif (ou conditionnel-passé) d'un verbe qui est actuellement *rhybuchio*, désirer vivement. La forme est instructive, elle nous montre *ry-* séparable au IXᵉ siècle dans un verbe où elle est le plus souvent inséparable au XIIᵉ. Ce n'est pas un cas unique. La particule *er-* est encore séparable au XIIᵉ-XIIIᵉ siècle dans les verbes [1].

---

[1] Livre d'Aneurin 69 : *er-ys-mygei* (cf. *ermygei*, 60, 80; 101-25, *er-yth-vaccei*, cf. *eryveis*).

Ritercis, j'ai demandé ou je t'ai demandé. Le *t* peut ici être un pronom infixe de la 3ᵉ pers. du singulier : nous en verrons d'autres exemples.

Il semble aussi que dans la dernière strophe du 2ᵉ poème, *riceus* soit un verbe à prétérit en -*s* avec *ry-* :

> Dou nam *riceus* unguetid

(Deux qui ne se sont guère irrités mutuellement, un seul parlant ou puisqu'un seul peut parler). Je suppose que *ceus* est un prétérit en -*s* du verbe *coddi* (*cawdd*) : pour *eu* (*ew*), cf. *toreusit*, gl. *attrivit* ; *unguetid* = moyen-gallois *un gwedydd*, rimant avec *couidid* du vers précédent : *cywcithydd* [1].

GALLOIS-MOYEN

1° RY AVEC LE PRÉTÉRIT PRIMAIRE. FORMES ACTIVES : *Prose.*
ANCIENT LAWS, I, p. 10, 5, 12 : …er edlyg a rey *redeue-dassam* ny huchof « l'héritier et ceux que nous avons dit plus haut [2]. »

110. 5. 1. Ken ni dcle perchennauc er aniveil lavuriau dros gueisret e neb *re* [3] *gunaeth* cam ydau « car le propriétaire de l'animal ne doit pas souffrir par l'acte de celui qui l'a endommagé (l'animal). »

114. 2, oni urhtuc emach arnau bit rith e kannogen or hawl am e guat *re digones* « si la caution ne lui oppose pas un serment, le débiteur doit être libre de la poursuite en vertu de la dénégation qu'il a faite [4]. »

— men e creir esset ena, macht huivi i kenniti ar er hin *a deuetassam* (B et C [5] : *re* au lieu de *a*) ny ac anudon a tyngeist

---

1. *Riceus* est peut-être à rapprocher des formes qu'on trouve dans un vers de Taliesin, malheureusement obscur (F. A. B. II, 123. 10.) : a *rygosswy rygossys*.

2. Au lieu de *re*, *a* en D, mss. du XIV et XVᵉ s. (Peniarth 32) : ces notes paléographiques sont empruntées pour Peniarth au *Report* cité plus haut.

3. Var. *a* (D. J. K.) : K et J d'après An. Owen sont des mss. du XVᵉ siècle.

4. *am e guat re digones* est emprunté à B et K.

5. C'est du milieu du XIIIᵉ siècle au plus tard.

ti ac wrth y gwrthtung *ry uneulhumi*[1] arnat ti, ni a vena barnu braut imi or egnat. « Par ces reliques qui sont ici, je suis bien caution avec toi pour ce que nous avons dit; et ce que tu as juré est un faux serment, et d'après le serment que je t'ai opposé, je prétends obtenir du juge un arrêt en ma faveur. »

116. 7. bit rith e mach am eguad[2] *a digones* (B. D. C. : *ry* au lieu de *a*); la caution sera déchargée à cause de la dénégation qu'elle a faite. »

— os ef a guna e kennogon gurhtun ar emach[3] a galu am braut ar er ignat wrth e gurhtun a digones (B. C. K. : *ry*) « si le débiteur jure à l'encontre de la caution et qu'il réclame un arrêt de la part du juge en vertu du contre-serment qu'il a fait... »

126. 31 e da anilis *re* devedassam ny ema (D. : var. *a*) « le bien sujet à débat dont nous avons parlé ici (dont nous nous venons de parler).

140. 5 : o dervit y din guneuthur cam keniauc ar e nodva a kevodi haul arnau ef am er aghevreyth *redigones*[4] « s'il arrive qu'un homme ait fait tort pour la valeur d'un penny au lieu de refuge et qu'une plainte ait été portée contre lui pour l'illégalité qu'il a commise... »

152. 154. 25 : o dervit ir amdifenur *re adau* testion a vo guell no rei *a edeuis* (*ry*- B.J) er haulur... « si le défendeur a promis des témoins meilleurs que ceux qu'a promis le poursuivant... »

— *ibid.* ae ena emay yaunt yr enat datkanu y deubrein *reduedasant*[5] e duypleit y eu testion... « et alors le juge doit récapituler les deux privilèges qu'ont reconnus les deux partis à leurs témoins, »

198, 27. 3 : or ryw vara *a* (C. : *re*) dywedassam ny uchot « de l'espèce de pain que nous avons dit plus haut. » Ce

---

1. Le passage depuis *ny ac* est emprunté à divers mss. ; K porte *a* au lieu de *ry*.
2. *a guad* par faute de scribe.
3. *amach* par faute de scribe.
4. C : *re dygonsey*.
5. D, B, C : *ry dywawl.*

passage est tiré de E (cf. 210 « y deu vab *ry dywedassam* ny uchot. » 290, pop keycg or man guyt *ry dywedassam* ny uchot).

180. 17 : talet ydau coet cystal ar hun *a dyosges*... ardet yr hun ry dyodes or coet « qu'il lui paye un bois de même valeur que celui qu'il a fait disparaître et qu'il laboure ce qu'il a enlevé du bois. »

206, 31, 2. La mère jure à propos de son fils : nas *ry creus* tat y callon mam y mab hun namyn y gur ar gur « que personne n'a engendré dans son sein de mère ce fils sinon tel ou tel. »

Le père prétendu jure *ibid.* 4 [1] : *nas re creus* ew y mab hunnw yg callon y gwreic honno « qu'il n'a 'pas engendré ce fils-là dans le sein de cette femme. »

456. 74 os *ry gavas* kynno hynny (cowyll, argyfreu) : s'il les a eus auparavant.

528. 48 y gwr *arydigones hy* (le passage paraît altéré).

— Ef a *rygafas* y hamobyr hi nys dyly o dri achaws, « celui qui a eu son *amobr*, n'y a plus droit pour trois motifs. »

— ony *ry dalawd* hitheu y hamobyr yr arglwyd a vu ar y thad gynt « si elle n'a pas payé son *amobr* au seigneur dont a dépendu son père auparavant. »

238. 34 (version B au bas de la page) : ur un or rey *ry dywedassam* ny uchot, taler ydau *mal y dywedassam* ny e sarhaet « à l'un de ceux que nous avons dit plus haut, qu'on lui paye son *sarhaet* comme nous l'avons dit. »

Tome II, 92. 140 : kyfreith a dyweit y dyly y neb *ry ladawd* y ki provi y vot yn gyndeiryawc « la loi dit que celui qui a tué le chien doit prouver qu'il est enragé. »

166. 49 : Ema nu ny *ry wadus* er amdyffynnur er hyn *re dodes* [1] er haulur arnau « ici, en effet, le défenseur n'a pas nié ce dont le plaignant l'a chargé. »

Tom I 208. 7 : y tat *ry gwadus* ynteu, « le père qui l'a nié. »

234. 24 : e sef *re weles* e kevreyth : voici ce que la loi décida (trouva bon) (nat sarhaet e nep namen un o try peth).

En somme, on trouve aussi bien dans A que dans les autres mss. des formes avec *ry* ou sans *re-* indifféremment

---

1. G : *a.*

pour constater l'existence d'un fait antécédent, soit en parlant du présent, soit dans le passé. A côté des exemples cités plus haut, j'ajoute : Anc. Laws, II, 36, 35 : y dyn *ay lladawd*; *ibid.*, 92. 140 : y neb *ry ladawd* y ki (m. A).

Anc. Laws, I, 92. 36 : nyny eyssyoes a adun val *edeuedassam* ny uchot.

ibid. 118 : 9 val *edreckassam* (*treythassam*) ny uchof (182. 19 uchot, y traethassam ny.

190. 19.6 na dym namyn *a dywedassam* ny uchot.

132. 46 : kyt dylyor howlwr i gann y march gwrthep ido ef *ai kymerth* yn gyfreythyol « Quoique le plaignant ait le droit d'exiger de la caution qu'il lui réponde à lui qui *l'a pris légalement*... »

Hanes Gruffudd ab Cynan (Arch. Camb., 1866, XII), p. 86 : o damunet *ry doethost* « tu es venu (tu arrives) à souhait. — Il lui demande : pwy oed ac y ba beth *rydothoed* « qui il était et pourquoi il était venu. »

P. 42 : pwy wyt ac y ba beth *rydoethost* ema « qui tu es et pourquoi es-tu venu ici. »

116 : ac odeno... y kerdus... hyt en enyssed Denmark ar Gothrei... canys ena gent ef *rydothoed* ataw gan emdiryet y geissyaw porth « et de là, il voyagea jusqu'aux îles du Danemark jusqu'auprès de Gothrei, car c'est là d'abord qu'il était venu le trouver en confiance pour lui demander secours. »

Brut y Tywysogyon (éd. Rhys-Evans), p. 282 : nyt yttiw yma y neb ageisswch : *neur dihegis* « il n'est plus ici celui que vous cherchez : *il a échappé.* »

303 : ar castell *ry dywedassam* ny vry « le château que *nous avons dit* plus haut. »

J'ai relevé les exemples de *ry* avec le prétérit primaire (et les autres temps) jusqu'à l'an 1201-1202, p. 343 : ils sont relativement rares. On trouve les mêmes formules avec ou sans *ry-* :

P. 296 : Gruffud ab Rys *a dywedassam* ny uchot.

303 : ac wynteu *a dywedassam* ni vry « et eux que nous avons dit plus haut. »

Mabinogion (édit. Rhys-Evans).

35 coet *ryvelsom* ar y weilgi yn y lle *ny welsam* eiryoet un pren « nous avons vu (nous venons de voir) sur l'Océan un bois, là où nous n'avions pas vu jusqu'ici un seul arbre. »

18 : och... *neurgolles* [1] y mab « hélas, le fils est perdu. »

71 *neur gavas* ef enw « voici qu'il a trouvé (qu'il a) un nom. »

113 : a unbenn, ny *ry giglef* i eirmoet dim ywrth y vorwyn a dywedi « roi, je n'ai rien entendu au sujet de la pucelle que tu dis. »

99 : wedy y gyniver collet a sarhaet ry wnaethost titheu ymi « après tous les dommages et outrages que tu m'as faits. »

115 : ac am vym priawt ym *rylygrwys* vym brawt « et c'est à cause de mon bien (jeu de mots sur *priawt* qui signifie *bien propre* et femme légitime) que mon frère m'a ainsi maltraité. »

118 : ha vorwyn, ti *a gereis*; dyvot a wnelhych gennyf rac eirychu pechawt itti ac y minneu; llawer dyd *yth rygereis,* « ô jeune fille, c'est bien toi que j'aime; viens avec moi pour épargner un péché à moi et à toi. Il y a bien des jours que je t'aime. »

124 : Gwynn vab Nud *arydodes* Duw aryal dievyl Annwvyn yndaw « Gwynn fils de Nudd dans lequel Dieu avait mis la force des démons d'Annwfn. »

185 : mae yr ireit oll ? *neur golles oll heb hi,* « où est tout l'onguent? Il est tout entier perdu, dit-elle. »

169 : peth ryfed *ryweleis yghot* « j'ai vu une chose surprenante ici près. »

214 : Dy glot *rygiglef* ym pob gwlat or y bum. « j'ai entendu te célébrer dans tout pays où j'ai été. »

294 : ny mynnaf i, heb ynteu, namyn nabo yma vyth y gware hwnn nar cae nywl nar hut nar llettrith *aryvu,* « je ne veux qu'une chose, dit-il, c'est qu'il n'y ait plus jamais

---

1. *neu* + *ry-* donne *neur* avec mutation sonore, ce qui n'existe pas quand -*r* représente *yr*

14	*J. Loth.*

ici ni ces jeux enchantés, ni le champ de nuage, ni le jeu de tromperie et de sorcellerie. »

On remarquera que dans tous les exemples précédents, *ry-*, la plupart du temps, marque simplement la *constatation* d'un fait antécédent, appelle simplement l'attention, semble-t-il, sur le fait, un peu plus que la forme verbale simple qui est surtout narrative. Voici deux exemples tirés du *Report on mss. on the welsh language* où *ry-* donne manifestement au verbe cette valeur. Ils sont tirés d'un traité *ms.* sur les éléments, les plantes, qui vaudrait au point de vue de la langue la peine d'être publié. Le *ms.* [1] est du milieu du XIIIᵉ siècle : e dyfred *ry gerdassam*, esgynnwn weithyon er awyr, « nous venons (nous avons fini de) de marcher sur les eaux, montons maintenant dans l'air) » : cf. *ibid.* : *neu ry gerdassam* er awyr [2], esgynnwn trostau enteu e tan, « maintenant que nous avons marché dans l'air, montons par-dessus lui au feu. »

Plus haut, notamment dans les exemples tirés des *Mabinogion*, les formes avec *ry-* ont parfois nettement la valeur d'un parfait (la particule *neu* sert notamment à préciser qu'un fait est accompli au moment où l'on parle). Dans l'exemple des *Mabin.*, donné plus haut, y a-t-il une différence entre *ti a gereis* et *yth rygereis*? Les deux ont le sens de *continuité* qui est caractéristique du parfait; il semble donc que *rygereis* insiste avec plus de force et plus de netteté, ce qui est confirmé encore par *llawer dyd*.

Poésie : (*Four ancient books*, II).

Livre d'Aneurin :

86. 18 :	*Ry duc* oe lovlen [3] glas lavanawr,

« Et il a porté (serrées) dans sa main les lames bleuâtres. »

91. 16 :	*ry duc* diwyll o win bebyll ar lles tymyr,

« Il a rapporté abondamment des tentes à vin pour le profit

1. Peniarth 17; *Report*, p. 339-340.
2. *Neu* (*neus*, *neut*) n'a pas la valeur interrogative qu'on lui a souvent attribuée, mais bien la valeur *confirmative*, l'affirmation dans le moment où on parle d'un fait intécédent. *Neu* a aussi le sens de *scilicet*.
3. *Lovlen* paraît signifier proprement *gant, main gantée*.

de son pays natal. » Dans ces deux exemples, on remarquera
que *ryduc* indique *une habitude* ou *un fait répété dans le passé.*

Ibid. (Gorchan Maelderw). 102. 15 :

> rwg e rygolleisy [1] om gwir garant,

« Entre ceux que j'ai perdus de mes vrais parents (de trois
cents il ne s'en est échappé qu'un). »

106. 34 :

> In cetwyr am Gatraeth *ri guanaid* britret,

« Parmi les combattants autour de Catraeth, il a fait du
tumulte. » Il est probable qu'il faut supprimer *in* et traduire :
« les combattants autour de Gatraeth firent du tumulte. » En
effet le vers paraît demander neuf syllabes et *ri guanaid* est
sûrement pour *ry wnaeth* (*gwnaeth* ne vaut qu'une syllabe).
Cette graphie rappelle certaines graphies du ms. A. des Lois.
Le passage correspondant du Gododin paraît décisif (82. 14).

> Ketwyr am Gatraeth a wnaeth brithret.

On remarquera que le Gorchan Maelderw, qui présente
bon nombre de formes du vieux-gallois, a *ry-* et que le Gododin
ne l'a pas dans le passage correspondant.

LIVRE NOIR 23. 9 : *Rym dywod* huimleian chuetil am echrin
« une sorcière m'a dit une nouvelle qui m'épouvante. »

27. 18 :   *Rymdivod* gvyllan o pell ymi,

« Une sorcière m'a dit de loin. »

59. 24 :   maes Guitneu *rytoes,*

« (La mer) a recouvert la terre de Guitneu. » Ici le sens du
parfait est assez net.

19. 17 :   *ry revineis* y mab ae merch,

« J'ai ruiné son fils et sa fille. »

---

1. Le passage correspondant du Gododin porte : 81. 18 : *rwyf a golleis.*

6. 2 :   *ry chedwis* detyf, *ry chynis* [1] gretyw,

« Il a gardé la loi ; il a levé haut un vrai génie (poétique) ».

5. 8 :

neur uum ydan un duted a bun dec liv guanec gro,

« Eh bien, j'ai été sous la même couverture qu'une belle femme couleur de la vague sur les galets. »

46. 4 : Duv...

Dyllit [2] enweir Meir *rymaeth*,

« Dieu, boisson vigoureuse, Marie a nourri (de son lait) ».

49. 33 :   Owein Reged *am ryvaeth*,

« C'est Owein de Reged qui m'a nourri. »

45. 28-31 :   nid [3] porthi ryvic *ryvegeis* im bron .
nid porthi penid *ry vetyleis*
in adaud [4] wy ren *rydamuneis*
Rydid im eneid reid ry iole[i]s,

« Ce n'est pas alimenter l'orgueil que j'ai nourri dans mon sein ; ce n'est pas supporter la pénitence que j'ai médité ; dans la demeure de mon roi j'ai désiré la liberté pour mon âme, pour mes besoins je l'ai prié. »

56. 23 :   Nyth adwaen ni *ryth welas*,

« Je ne te connais pas moi qui ne t'ai pas vu (qui ne l'a pas vu).» Le texte a *mi* qui ne donne pas de sens satisfaisant.

L. Taliessin : 170. 24 :

rygadwys Duw dial
ar plwyf Pharaonus

1. Il s'agit d'un protecteur éclairé des bardes.
2. On pourrait supposer : *dy lit* (*lydd*), ta boisson, ton lait, — Marie, a nourri Dieu.
3. *Nid* équivaut, quand il n'est pas suivi immédiatement d'un verbe commençant par une voyelle, à une proposition avec le verbe substantif : *t* est un pronom.
4. *addawd* a exactement le sens de *place de dépôt.*

    Dec pla poèni
    Kyn eu bodi,

« Dieu garda (ou avait gardé) sa vengeance contre le peuple de Pharaon, dix plaies de châtiment avant qu'ils ne soient noyés. »

174. 9 :   neu *rygigleu* gan proffwydeu lleenawc
              geni Iessu a *rydarfu* hyt y vuched,

« En vérité j'ai entendu de prophètes lettrés que Jésus est né et aussi ce qui est arrivé pendant toute sa vie [1]. »

195. 25 :   ys meu . .
              a da dieisseu
              gan teyrn goreu
              haelaf *rygigleu*

« Est mien (suit une énumération de présents) et du bien abondant, de la part du chef le meilleur, le plus généreux *dont j'ai entendu parler*. »

123. 1 : Crist Jessu uchel *ryseilas* trychamil blwydyned

              Er pan yttyvu ym buched [2],

« Jésus-Christ a fixé trois cent mille ans depuis qu'il est en vie. »

112. 11 :   Ac eiraul ei urdawl pwys
              dan syr seint *ryseilwys,*

« Et ceux qui demandent le le poids de sa consécration, sous les étoiles il les a établis comme saints. »

186. 22 :   Duw *ryth peris*

« Dieu t'a créé. »

192. 7 :   Gweleis i keig kyhafal y blodeu
             neur weleis ud haelhaf y dedveu,

« J'ai vu une branche aux fleurs semblables, et voici que

1. Même pièce, vers 13 : *ry duc* claer; le sens est obscur, le texte étant sûrement altéré.

2. Le passage, à tout point de vue, est altéré : on lit plus bas, vers 23 :

j'ai vu (et vois) un chef aux lois les plus généreuses » (cf. *neur ordyfneis.* 203. 11 : *neur ordyfneis = neu ry(g)ordyfneis.* »).

214. 16 : *Rytalas* mab grat,

« Le fils a payé la faveur ? » (Le passage est dans une prophétie d'une obscurité voulue.) [1]

215. 16 : *Ry goruc* duw vry
        Ary planete.
        Ry goruc sola
        Ry goruc luna, etc.
25.   A seithved Saturnus.
        Ry goruc Duw da.

« Dieu a fait... et Saturne est la septième qu'a faite Dieu bon. » C'est une sorte de parfait historique.

216. 11 : *Ry goruc* vy awen
        y voli Uryen.

« Il a fait mon inspiration pour louer Uryen. »

128. 17 : Saesson o pop parth y gwarth ae deubyd

     Ry treghis eu hoes nys oes elvyd [2].

« Les Saxons auront de la honte de chaque côté, leur temps est passé, ils n'ont plus de pays. »

158. 10 : Avacdu vy mab inheu
       Detwyd Dovyd rwy [3] goreu
       Ygkyfamrysson kerdeu.

Trychan mil blwydyned namyn *un o ricodit* buched tragywyd, « il y a trios cent mille ans moins un, depuis qu'a été élevée (relevée) la vie éternelle. »

1. Il est probable que *mab grat* signifie *fils de la grâce*. Dans le même poème, on remarque le vers 12 :

a rywelei a ryweleis o aghyfieith « celui qui verrait ce que j'ai vu d'étrangers. »

2. *Elfydd* a le sens de *monde* et aussi, d'une façon restreinte, celui de *pays*.

3. On trouve *ro-* combiné avec le pronom infixe sous les formes *rwy-* et *ryw-*; de même avec la négation : *nwy-* et *nyw-*. Cf. Rhys, *Revue Celt.*, VI, p. 50.

« Avacddu mon fils, Dieu l'a fait habile dans la compétition des arts. »

LIVRE ROUGE :

259. 18 :   *Neur digereis a garaf,*

« Voici que j'ai *désaimé* (j'ai fini par ne plus aimer) ce que j'aime. »

269. 2 :   vyg callon *neur dorres,*

« Mon cœur vraiment *est brisé.* »

269. 21 :   Gwae vyllaw llam *rym* daerawt,

« Malheureuse main, ce choc [1] m'a terrassé » (cf. 27, llam *rym gallas*).

Myv. Arch. 142. 1 :

> Beich *rygynnulleis*
> o bechawd annoveis
> *ry dy ergryneis* [2]
> oe gymhelri,

« Le fardeau que j'ai rassemblé du péché [3], que je n'ai pas dompté, j'ai grandement tremblé par suite de l'anxiété qu'il me cause. »

Ibid.

> Diheu darogant
> I Adaf ae blant,
> *Y rydraethyssant*
> Y proffwydi,
> Bod Iesu yn mru merthyri,

« Prophétie certaine pour Adam et ses enfants, ont exposé les prophètes : que Jésus est dans le sein des martyrs. »

---

1. *Llam*, comme en breton, indique un saut que l'on fait ou qu'on vous *fait subir*; *neid* est employé dans le même sens : *Myv. Arch.* 228, 1 a guae ni *or neid* yn rydoded (malheur à nous par suite du *saut* qui nous a été donné).

2. Il faut lire en un mot *dyergryneis.*

3. *Annoveis* paraît être composé de *an-* privatif et *dofi* : *annoveis* peut être un verbe, mais un adjectif irait mieux.

149. 1 :   *Ry llofies* yntef [1]
                undawd gyfadef [2] :
                gan engylyon nef
                neu *ry urdwyd,*

« Il lui a donné la cohabitation avec l'Unité (divine) : voici qu'il a été mis au même rang que les anges du ciel. »

148. 2 :   Ryfarw ud gwlyb ystrad
                Astrus chwedl *ry chweiris* i Gymry,

« De ce qu'il soit mort, la vallée est mouillée (de larmes), nouvelle embarrassante est venue brusquement aux Cymry » (sous *chwareu* dans le Welsh Dict. de Silvan Evans, on trouve le sens de *remuer*, *secouer* d'une façon irrégulière. *chwerwis* de *chwerwi*, dérivé de *chwerw* irait encore mieux).

160.2 :   Am gledyfrut rwyf ym *rygoded*
                ry docneis vawr gert am y vawr ged,

« Au sujet du roi à l'épée rouge on m'a irrité (ou *excité*, suivant la valeur de *g* et *d*) ; j'ai fourni abondamment un grand poème en retour de son grand présent. »

160. 1   Aghen cadortwy rwy *rym rotes*
                aghen am lut gwen : gwae *rwy golles*

« Le marteau des batailles m'a causé trop d'angoisse ; l'angoisse m'empêche de sourire : malheur à qui l'a perdu. »

239. 2 :   Ef diveiaf naf *rywnaeth* Dovit

« C'est le chef le plus sans défaut qu'ait fait Dieu. »

240. 2 :   Ny *rybum* gerdennin
                ryddarfod breu gyfnod breiddin
                ry ddywawd oi farddwawd Ferddin,

« Je n'ai pas été errant (barde) ; que la période brillante du butin est passé, Merddin l'a dit par son poème bardique. »

---

1. Pour *ynteu* : on trouve assez souvent alternance, en moyen gallois, entre les terminaisons *-eu* et *-ef* : *dioddef* et *dioddeu.*

2. *Cyfadef* signifie habituellement *avoué*, reconnu. Ici, *cyfaddef* me paraît composé de *cyf* + *addef*, demeure.

248. 1 :   Mal yth *rygeiseis* yd yth geisaf,

« Comme je t'ai cherché, je te chercherai. »

227 1.   Kymmot ar creaudyr ae *rygreas*
              credun i'n Reen rybendigas,

« Accord avec le Créateur qui l'a créé ; croyons-en notre roi
qui l'a béni ».

228. 2 :   Ac ys meu erchi...
                kyrreivyeint or meint...
                Ry wneuthym...

« C'est à moi de demander le pardon de tout ce que j'ai fait. »

229. 2 :   Crevyduyr credu *ryunaethant*

« Les fidèles ont cru ».

231. 1 :   Dryc vab wyf yd rwyf rym goreu,

« Je suis un mauvais fils pour toi, ô chef, qui m'as fait. »

233. 1 :   Yscwynais nad byw
                Hael or rhwy [1] rygollais,

« Que j'ai déploré qu'il ne soit plus vivant le chef généreux
que j'ai perdu. »

251. 2.....   Dagreu rwy
                ryduc lliw vyg grudyeu,

« L'excès de larmes a enlevé l'éclat de mes joues. »

292. 2 :   *rygarawd* wisgaw ragoreu eglur
                risc [2] odidawc dur, rwysc y deidieu,

« Il a aimé les supériorités des vêtements brillants, l'écorce
superbe d'acier, opulence de ses ancêtres. »

208. 1 :   Dy gledyf *ry glywssam* arrod.

« Ton épée, nous l'avons entendue sur le bouclier » (leg. *ar
rod* : pour ce sens de *rod*, cf. *rhodawr*).

---

1. Je lis *hael o rwyf*.
2. *L'écorce d'acier* est l'armure ; on trouve, dans le même ordre dit
haearngaen.

212. 2 :   Dy gletyf dy glod *ry seas,*

« Ta gloire, ton épée l'a semée. » —

                    Llywelyn Llywarch *ryth ganas,*
« Llywelyn, c'est Llywarch qui t'a chanté [1]. »

204. 1 :   Marw Einyawn mawr, anaw dibrid
                    myrt *ry wneith* yg gyvreith gymid :

« La mort du grand Einyawn a enlevé leur valeur à des
milliers de poètes [2]... »

255. 2 :   Gwander y lawer...
                    Rydoeth am arglwyt.

« Faiblesse a beaucoup est retenue à cause du chef. »

206. 1 :   [3]Treissyeu ardaleu, ardwy trin, *ry duc.*
                    Ry digywys y gwerin,

« Régulateur du combat, il a conduit de violentes attaques
contre les marches : il a irrité leurs peuplades. »

202. 2 :   Milveirt mawrvrydic, *ryd anvones* duw
                    Dyn yn myd ae gwares,

« Pour mille poètes à la pensée généreuse, Dieu a envoyé
quelqu'un au monde qui les protégera. »

214. 2 :   Kymro kelvytaf *rywnaeth* Keli,

« Le Kymro le plus habile qu'ait fait Dieu. »

---

1. Le texte porte *ry gauas.*

2. Je fais porter *rywneith* sur *dibrid*, mais sans être sûr qu'il ne porte pas
sur *gyvreith, gymid. Cymid* est rare et paraît composé de *cym* + *mid* combat.
Anaw a le sens abstrait et concret, d'*inspiration* et d'*inspirés* (poètes).

3. *Ryduc* a pour objet *treissyen* ; *ardaleu,* pays frontière, est sans préposition, ce qui n'est pas pour surprendre : cf. gwyr a aeth *Gatraeth. Y* est le
pronom possessif, 3ᵉ pers. du pluriel. Ce ne peut être l'article, *gwerin* étant
féminin et l'allitération exigeant *gwerin* sans mutation. *Digywys* vaut deux
syllabes : c'est la règle ; = *digwys.*

217, 2 :   Bar Llychwr gwr yn oed gwas
                  Beirdd byd yth gyd *rygafas* [1],

« Barre de Llychwr, homme à l'âge d'adolescent, les bardes
ont trouvé le monde dans ta compagnie [2]. »

168. 2 :   *rym gwnaeth* yn athrist,

« Il m'a rendu tout triste. »

180. 2 :   *Rybu* Erthyst
                  Rybu Ulkassar
                  Rybu Vran
                  Rybu Ercwlf
                  Bu Alexander,

« Il a existé Erthyst... etc. »

232. 1 :   Gwetiwn gwylwn bytwn parawd
                  Parth ar gwr arwr an *ry warawd*,

« Prions, veillons, soyons prêts vis-à-vis de celui qui nous a
sauvés » (cf. *ibid.*, *rwy duc*).

254. 2 :   Ym pob gwlat *yrywu*,

« Dans tout pays où il a été.»

200. 1 :   Dadolwch teyrn tarw catuc prydvawr
                  gwyr Prydein *rwy goruc*,

« La réconciliation avec le chef magnifique, le taureau du
combat [2], ce sont les hommes de Bretagne qui l'ont faite. »
Le poète oppose Dafydd aux petits chefs avec lesquels il était
en lutte.

---

1. Je traduis comme *si byd* était objet de *rygafas* ; c'est assez peu ordinaire, mais si on fait dépendre *byd* de *beirdd*, il faut supposer qu'un mot
est tombé : *Cyd* signifiant proprement *jonction*, parfois *coïtus*.

2. *Catuc = caddug* ; ce mot a sûrement ici et dans beaucoup de passages
la valeur de *combat*. C'est un sens métaphorique comme celui d'un grand
nombre de termes similaires : *caled, trwm, brwydr. tryfrwyd, garthau* etc.
Au sens ordinaire, *caddug* a le sens de *brouillard, atmosphère épaisse*, ce qui
convient bien à l'aspect d'une *mêlée tumultueuse*. *Caddug* est quelque chose
comme notre *fumée du combat*, toute proportion gardée.

202. 1 :   Ny wtant cwt ant *rwy cotes,*

« Ils ne savent où ils iront ceux qui l'ont irrité. »

202. 1 :   Kynna [1] hwn neu gwn nas gweles
            Dyn ymyw or meint *ry ganhes* [2],

« Aussi bon que lui, je sais bien que ne l'a pas vu homme vivant parmi tous ceux qui sont nés. » —

            Mad gogant molyant *ruy moles,*

« Il a chanté heureusement sa louange celui qui l'a loué » (il a été bien inspiré en chantant).

186. 2 :   *rygallas* rec dinas,

« Il s'en est allé la forteresse du présent. »

187. 1 :   *ry allas* rwyf anaw,

« Il s'en est allé le régulateur de l'inspiration » (des poètes).

157. 1 :   Gwin a met a metgyrn *rwy meith,*

« Vin et hydromel, cornes à hydromel l'ont nourri. »

158. 1 :   nawved ran ym poen yr pan aned
            nys *ryborthes* nep.,

« La neuvième partie dans ma peine, depuis qu'il est né, personne ne l'a supportée. »

225. 1 :   *ny ryweleis* dyn dim mor engir,

« Personne n'a vu rien d'aussi terrible. »

180. 1 :   *ny rygolluyf* Duw o deured byt
            ny rygolles nef ny bo ynvyt,

« Que je ne perde pas Dieu par suite des pompes du monde ; personne n'a perdu le ciel qui ne fût insensé. » On remarquera le sens particulier ici de *rygolles,* mais le sens n'est pas

---

1. *Kynna = kyn da* ; on trouve aussi *kynnan* : cf. le breton *kenan.*
2. *Ry ganhes.* Les formes en *-es* ont assez souvent le sens intransitif ou passif : *bodes* s'est noyé, *torres* s'est brisé.

dû à *ry-* : cf. Myv. Arch. 86. 2. (Proverbes) : ni *chedwis* Duw rag neb a vai da iddo « Dieu n'a gardé contre personne ce qui peut lui être bon : c'est-à-dire Dieu ne refuse à personne ce qui lui est utile. »

C'est un emploi analogue à celui de l'aoriste gnomique en grec. Cf. le proverbe donné par Richards dans son *Welsh Dict.*, 3e éd., p. 469, 2 : *rybrynwys* ryerchis, « Il a acheté celui qui a demandé : c'est-à-dire, qui demande, achète. »

353. 1 :   Y cam *rywnaetham na rynoetha,*

« Ne mets pas à nu le mal que nous avons fait. »

Dur ynad... *ry swynas* Dovyt

« Acier juge que Dieu a béni ».
Tiré d'un poème au fer *rouge* : (cas d'ordalie)

202. 2 :   Rodri mawr *rym lloves*
             a ryd but y bawb y gymhes [1].

« Le grand Rodri m'a donné, lui qui donne du butin, à chacun, sa mesure. »

202. 1 :   Ny chwsg y gywlad, ny chyscoges glew [2]
             Glyw Prydein *rwy proves,*

« Le pays frontière ne dort pas, lui le vaillant est inébranlable : le roi de Prydein l'a essayé » (de l'ébranler) *Ny chyscoges glew* a le sens parfait : « le vaillant Rodri ne bouge pas et n'a pas bougé. »

255. 2 (XIIIe siècle [3]) :

             Rym goreu agheu aghen...
             Rym dirwaen Duw *rym dirwy*
             Rym dirwnaeth rann hiraeth rwy,

« La mort (de Howel) m'a causé de l'angoisse, Dieu me

---

1. Il faut lire *cymmes* : cf. vieil-irl. *coimmes* = *com-messu.*
2. *Cysgoges* a le sens intransitif, comme dans le Livre d'Aneurin (F.a.B. II, 73-27).
3. Howel ab Goronwy figure dans une charte de Margam de 1246.

poursuit trop [1], me punit ; il m'a réparti une portion trop grande de regrets. »

Dafydd ab Gwilym et Iolo Goch ne fournissent à peu près rien, en exceptant quelques cas de *ry-* avec l'infinitif [2].

Formes impersonnelles dites passives

PROSE : *Anc. Laws*, tome I, p. 314. 24. 2 : Am vessur yr erw *neur dywetpwyt*, kynno hynny, « pour l'étendue du sillon, on en a parlé avant. »

246. 28 : yr hyn *ry dywetpuyt* wrthau, « ce qui lui a été dit. »

II. 96. 15 : y swydawc *rygaffat* y nawd, « L'officier dont on a eu la protection. »

Mabinogion, p. 44, seith gantref *ry edewit* ymi (sept *cantref* me furent laissées).

POÉSIE : L. Aneurin : 63. 20.

> Ny nodi nac ysgeth [3] nac ysgwyt
> Ny ellir anat *ry vaethpwyt*
> Rac ergyt Catvannan catwyt.

Il faut lire :

> Ny ellir a nyt (orig. *net*) *ry vaethpwyt*,

« Ne protégeaient (contre lui) ni ornements ni bouclier. Il ne se peut et on n'a pas nourri (quelqu'un) qui ait été protégé contre le coup de Cadvan. »

---

1. *Dirwaen* n'apparaît que dans ce passage. Silvan Evans le confond avec *dirwanu*, ce qui est trop commode. S'il n'y a pas d'erreur de scribe, on est en présence de *gwaen*. O. Pughe donne : *eidion yn gwaenadu*, pour le bœuf qui fuit devant les mouches.

Le livre d'Aneurin 99. 28, donne : *gwaenauc* en parlant des guerriers : le sens serait *impétueux*, qui se jettent la tête la première : cf. irl. *fán*.

2. Cependant *rygavas*, chez Dafydd ab Gwilym, éd. Cynddelw, Liverpool 1873, p. 8.

3. Le sens de *ysgeth* n'est pas sûr. Pughe le traduit par *lance* sans preuve. Dans un autre passage, il paraît avoir le sens que je lui attribue (87. 29). Cf. *Go-sgeth*, beauté, en parlant des habits, de l'extérieur, parfois ; le mot a un sens plus étendu.

89. 20 :   Cochro [1] llan ban *ry godhet,*

« Le sol était rouge quand on l'avait irrité » (cf. 91. 28 : pan *ry godet*).

Ibid. (Gorchan Maelderw),

105. 21 :   Nit atwanai riguanai *riguanet,*

« Il ne *refrappait* pas ceux qu'il frappait, qui avaient été frappés » (cf. Gododin, 74. 11 : eneb *awanai* nyt adwenit.

98. 26 :   gwyr gorvynnaf *ry annet*
               en llwrw rwydheu *ry gollet.*

« Les hommes les plus passionnés qui fussent nés à la poursuite du succès [2] ont été perdus. »

Dans la même tirade, on remarque ces formes avec *ry-* qui peuvent ne pas être impersonnelles et être employées d'ailleurs pour un autre temps :

     29   Gogled Run ren *ry dynnit*
     42   am rwyd am ry ystoflit
             ystofflit llib [3] llain.

De même, le sens n'est pas sûr dans :

38. 11.   Nyt muy *ry vudyt* y escor.
38. 6 :   A chid *rillethid* vy lledysseint.

« et s'ils ont été tués, ils avaient tué » (mot à mot, *quoiqu'ils aient été tués*); on pourrait aussi comprendre : *avant qu'ils...*). Cf. Gorchan Maelderw 99. 23 : *Ket et rylade* wy *ladassant. Rylade* est altéré; cf. Gododin 73, 1 : a chet *lledessynt* wy *lladassant.* Il y a une variante dans la *Myv. Arch.*, *lledesid*, qui équivaudrait exactement à *rillethid* (*ll* après *ri-* s'explique vraisemblablement ici par un pronom infixe objet). *Lledesid*

---

1. Je lis *cochre.*

2. L'orthographe ici est incertaine : *u* peut être *w* ou *v*; je lis *gorwynnaf)* mais il se peut qu'on ait affaire à *gorvynhaf*, les plus remplis d'émulation (*gorfynt*).

Rwydheu : l'orthographe est également ici douteuse.

3. Vieux-gallois = moyen-gallois *llif* : *llib lain*; lame aiguisée.

se retrouve sous la forme la plus correcte *lledessit* 69, II, probablement avec le sens passif.

Lledessit ac athrwys ac affrei. Cf. Myv. Arch., 64, 1 :

a chyt lletyd llatysynt,

« Et quoiqu'on les ait tués (si on les a tués), ils avaient tué. »

Les formes en *-id*[1] équivalent parfois aux formes en *-ir* : Elucidarius : nyt *edewit* dim yn teyrnas nef heb yluneithaw (nihil inordinatum relinquitur). *Anc Laws* II. 484. 5 : cosp gyviawn lle *a'i dylit* (là où c'est dû).

Ibid. 8 : tri pheth a *dylit* ar bob un o'r teir colovyn hyn : (*trois choses sont requises...*).

La forme *latysseint* a été refaite d'après une forme plus ancienne exprimant le plus-que-parfait : *llesseint* :

L. Rouge, 285 24.

O anffawt vyn tavawt *yt lesseint* »,

« Par le malheur de ma langue, ils avaient été tués. »

Cf. Livre Noir, 21. 21 :

guir *ny lesseint* heb ymtial.

« Des guerriers qui n'auraient pas été tués sans vengeance. »

Cf. 28. 21 :   guyr ni *lesseint in* lledrad.

Pour le sens passif des formes en *-ei*, cf. L. Noir :

Din *a collei* bei nas prynhei,

« L'homme eût été perdu s'il ne l'avait racheté. » *Collei* (pour **collhei*) équivaut à *collasei* et remonte probablement à **collas-*.

58. 23 :   *Ry gelwid* Madauc kyn noe leith
Ruid galon,

« On appelait Madawc avant sa mort, le filet des ennemis. »

---

1. Les formes en *-id* ont souvent la valeur de l'imparfait, mais aussi celle d'un prétérit. La forme *llethid* et non *lledid* indique une forme conditionnelle ; les formes similaires comme *llatthei* = *ladehei*, équivalent aux formes comme *crettei* forme de *credei* : cf. moyen-bret, *petes* : *pan petes* ; si tu priais (prierais) cf. vannetais *pedehei* (par analogie avec les verbes en *-aat*).

L. noir 42. 20 :

> Bluytin llaun im *ry doded*
> ym Bangor ar paul cored,

« Une année entière on m'a placé à Bangor sur le pieu du barrage. »

8. 23 :   *neu rimartuad* oth laur kiueithad,

« J'ai été noirci par ta basse compagnie (dit l'âme au corps). »

22. 23 :   Ny mad *rianed* o plant Adaw
> ar ny creddoe y Dovit in dit divethaf,

« Il n'est pas né heureusement, d'entre les enfants d'Adam, celui qui ne croira pas au Créateur, le dernier jour » (il eût mieux valu qu'il ne fût pas né).

Livre de Taliessin : 178. 26 :

> Ar clawr elvyd y gystedlyd ni *ry anet*,

« Sur la surface du monde, son émule n'est pas né. »

187. 2 :

> A chein tudet
> imi *ryanllofet*.

« Et de beaux manteaux m'ont été donnés. »

177. 17 :   Bu haelhaf berthaf *or ryanet*.

« Il fut le plus généreux, le plus magnifique de ceux qui ont été mis au monde. »

178. 31 :   O hil Ade ac Abrahe yn *ryanet*.

« (Jésus) nous est né de la race d'Adam et d'Abraham. »

Au vers suivant 32 :   llu *ryanet*.

211. 5 :   Rac daw ryglywhawr mawr gyfagar [1],

« Devant lui on entendra un grand bruit de batailles. »

---

1. Il est probable que *cyfagar* est pour *cyfangar* de *com* + *ang-* : le sens serait « *mêlée pressée* ou étreinte. »

181. 20 :   Ny beirw bwyt llwfyr, ny *rytyghit,*

« Il (le chaudron de *Penn Annwn*) ne bout pas la nourriture des lâches, ce n'était pas son destin » (fixé par le destin).

21 :   Cledyf lluch lleawc [1] idaw *rydyrchit,*

« Une épée brillante, homicide, avait été levée par lui ? »

173. 6 :   Nac ny *rywelet*
                  y biw rac ffriw neb,

« On ne le vit pas refuser son bétail devant la face de personne [2]. »

204. 16 :   Kaer yn ehaer
                  Ry yscrifyat.

Le sens est douteux.

L. Rouge 263. 2.   Ti yn vyw wynt *ry las.*

« Toi, tu es en vie, eux *sont tués.* »

269. 24 :   Gwae vy llaw llam *ry gallàt.*

Il est possible que -*at* n'indique pas ici le passif : il y a, en moyen gallois, des formes actives prétéritales en -*at*. Cf. Myv. Arch. 251. 1. gwae ny, *ry allad,* « il est mort, il est parti. » Myv. Arch. 160. 4. am gletyfrud rwyf ym *ry goded* (v. plus haut formes actives).

160. 1 :   Yd oleithid gwr gwrt *ry weled.*

« On flattait un homme que l'on voyait rude [3]. »

258. 2,   Davyt lawryt *ry las,*

« Dafydd à la main facile a été tué » (est tué).

---

1. *Lleawc* est de la même racine que *lleas* meurtre, racine *leg-* (cf. *lleith,* irl. *lecht*).

2. Il est possible que *nac* soit la négation *et ne.*

3. Cette idée est courante chez les Bardes : Myv. Arch. 247. 2 : gwae a gawdd llew ac nyw llawch « malheur à qui irrite un lion et ne le flatte pas. »

199. 2 :   Ef oreu rieu¹ *ry gread,*

« C'est le meilleur roi qui ait été créé. »

191. 1 :   Llys Ewein ar breit *yt ry borthed* eirioed,

« La cour d'Ewein a toujours été entretenue par le butin. »

Si on jette un coup d'œil d'ensemble sur ces formes avec *ry-*, on trouve que la plupart du temps, elles constatent un fait antécédent ; parfois la valeur perfective est claire. Dans le plus grand nombre des cas, dans les mêmes textes, les formes sans *ry-* ont la même valeur ; on peut tout au plus supposer, et nous verrons ce fait se préciser, que *ry-* a une valeur confirmative qui attire l'attention sur le fait. Je pourrais multiplier les exemples, mais ils me paraissent inutiles en face des mêmes formes avec le même sens relevées dans le Gododin et le Gorchan Maelderw, dans les Lois.

Si on prend *gwnaeth*, par exemple, dans le *Livre noir*, on a la même valeur au point de vue du temps et de la durée de l'action que pour la forme si commune *ry goruc* (ou *ry oruc*), *rywnaeth* : 13. 11, 17. (Il s'agit de la louange de Dieu) : a *wnaeth fruith… a unaeth* maurth a llun. Cf. *ibid.*, 25 :

Duu an amuc Duu *an goruc Duu an guaraud.*

Il n'y a aucune différence temporelle chez Taliesin entre *goruc* et *ry goruc*. Nous avons vu par la *Myv. Arch.* dans la même pièce, *rybu* et *bu*, avec la même valeur.

Une pièce de la *Myv. arch.* 346, 1, qui doit être du XIIᵉ siècle, sur le meurtre de Hywel ab Ywain fils du roi de Gwynedd, donne cinq vers de suite : *Llas*, et ensuite : *Ryllas* a llafneu rhuddiar.

Je constate ici l'usage du texte gallois moyen, sans contester que la valeur de *ry-*, indéniable d'ailleurs encore dans certains cas, n'ait été, en face du prétérit purement narratif, analogue à celle de *ro-* en vieil-irlandais.

En fait le prétérit primaire seul a, par le sens et le contexte,

---

1. *Rieu* est souvent un *sg.* (Livre noir 19. 19 ; 45. 11 ; L. Tal. 149. 7 ; 149. 7 ; 191. 28 ; 186. 23 ; 192. 30 : L. Rouge 293. 13, etc. Cf. le nom propre breton *Riou.*

une valeur antécédente parfois équivalente au plus-que-parfait. Plus haut, p. 13, j'ai relevé dans les Anc. Laws 160. 5, à côté de *redigones*, la variante, *re digonsey*. Cf. *ibid.*, p. 2 (ms. A) : a guedy honni onadunt e kefreythyeu a varnassant eu cadu, Howel a rodes y audurdaut udunt. « Et après avoir publié les lois qu'ils *avaient décidé* de garder, Howel leur donna son autorité. » Aneurin Owen traduit avec raison par : which *they had decided...*

Cf. *Hanes Gruff. ab Cynan* (Arch. Camb. XII, 3ᵉ sér. p. 40) : val henne y gwnaeth pobyl yr Israel a *vredychassant* ac a rodassant eu brenhin dylyedauc, « ainsi avaitfait le peuple d'Israel qui *avait trahi et livré* son roi légitime. »

2° *Ry-* AVEC L'IMPARFAIT ET LE CONDITIONNEL (Présent et futur secondaire) :

FORMES ACTIVES : *Prose* :

Anc. Laws. I. 84. 18 : o dervyt e gur escar a menu obono ur arall a bod en edivar gan e gur cantaf *reescarassey* ay greyc : ms. E : *ry ysgarhei*. Ce *ms.* qui est du milieu du xiiiᵉ siècle a probablement ici la version primitive : *ry-* donne bien ici au présent secondaire le sens d'un prétérit secondaire (à remarquer *ysgarhei* et non *ysgarei* : *qui se serait séparé de.* —). Il est remarquable qu'Aneurin Owen donne ce *ms.* comme une copie de A. Il serait sans doute plus juste de dire qu'ils remontent à une source commune dont les formes grammaticales auraient été parfois mieux respectées dans E. Le *ms.* est donné comme étant du milieu du xiiiᵉ siècle.

Hanes Gruffudd ab Cynan, p. 120 (Arch. Camb.) :

A phei as *ryatei* [1] Gruffud yw wyr emgymyscu ac wynt ar y llwyneu, diwethaf dyd vydei hwnnw y brenhin Lloëgyr ae Freinc, « et si Gruffud *avait permis* (*a-s* : pronom objet par prolepse) à ses guerriers d'en venir aux mains avec eux au milieu des fourrés, ce jour eût été le dernier pour le roi et ses Français. »

MABINOG. (Ed. Rhys-Evans p. 116) : *pan y ryattei* [1], y dywawt hitheu, « et lorsqu'elle l'eût retiré, elle dit. »

---

1. *Ry atei* et non *ry adei*.

THE BRUTS (éd. Rhys — Evans), p. 87 : a gwrthwynebu yn wrawl a oruc gwyr Rufein kyt *rydiodefynt* dirvawr perigyl ar y dyfwr (leg. *dwfyr.*), « et les hommes de Rome résistèrent vaillamment, quoiqu'ils eussent supporté un très grand péril sur les eaux. »

POÉSIE : Livre d'Aneurin. 91. 3 :

> gweleys y deu oc eu tre re[1] *ry gwydyn*,

« J'ai vu deux qui de leur habitation ? étaient tombés. » Je serais presque tenté de lire : *oc eu gre* (de leurs cavales).

L. Aneur. 105. 21 :

> nit atwanai *ri guanai*, ri guanet,

« Il ne refrappait pas ce qu'il frappait, ce qui avait été frappé » (c'est-à-dire son coup était mortel). On serait tenté de croire que *ri* donne ici à l'imparfait *guanai* le sens prétérital ; mais dans le passage correspondant du Gododin, on lit 74. II :

> E neb *a wanai* nyt atwenit,

« Celui qu'il frappait, on ne le frappait pas une seconde fois » (*perçait* serait plus exact) ; mais il est également fort possible que le texte primitif ait été :

> E neb *ry wanai* nyt atwenit.

Dans le Gorchan Maelderw, la quantité est flottante. Le vers du Gododin, avec sa formule *e neb* indique un remaniement.

L. noir. 55. 12 :

> Mi a wum lle llas Guendoleu,
> *Ban ryerhint* brein ar creu,[2]

« J'ai été là où fut tué Gwendoleu, quand les corbeaux s'élançaient sur le sang[3]. »

---

1. *Re* est de trop, comme le montre la mesure ; il est clair que le ms. antérieur avait *re* pour *ry-*.

2. *Ry erhint* peut appartenir à une autre formation que *ry-reeint* : *ex reg-.

3. *Creu* indique le sang répandu par violence ; répond au *cruor* latin.

V. 15   *Ban ryerint* [1] brein garthan
    17   *Ban ryreint* brein ar creu.
    22   *Ban ryreeint* brein ar cic.

38. 7   Oet re *rereint* dan vortuid Gereint,

« Il y avait des cavales qui s'élançaient sous la cuisse de Géreint. »

    10   oet *re rerent.*
    13   oet *re rereint*; *id.* 1, 16, 19, 22, 25, 28.

Ici, *ry reeint* peut marquer la *répétition*, mais il est possible aussi que *ry-* ne soit qu'intensif et même qu'on ait affaire à un composé véritable, à un verbe *ry-rè* : *rhyred* existe comme substantif avec un sens métaphorique; cependant *re* existe seul.

L. TALIESSIN 201. 26 :

Kyn kymun Cuneda
Rymafei biw blith yn haf
Rymafei edystrawt y gayaf
Rymafei win gloyw ac olew
Rymafei torof keith rac untrew [2].

« Avant la mort [3] de Cunedda, j'avais des vaches à lait pendant l'été, j'avais des coursiers l'hiver, j'avais du vin limpide et de l'huile, j'avais une troupe d'esclaves contre le malheur. »

Il est possible, probable même, que *rymafei* soit à corriger en *rymawei* (v. plus bas, *optatif*). Il est probable que le scribe copiait un manuscrit dans lequel *v* (*f* actuel) était exprimé par *w*, comme c'est le cas pour le Livre noir, et qu'il n'en aura pas compris la valeur. Dans ce cas, il faudrait traduire : *il me donnait.*

L. TALIESSIN. 211. 23 : *Rwy keissut* kystud, rybud hagen. « Tu la cherchais (ou l'*avais cherchée*) l'affliction, tu étais cependant prévenu » (mot à mot : avertissement cependant).

---

1. Dans tous les passages suivants, *ry-reint* est pour *ry-reeint* (v. 22) et vaut trois syllabes.
2. Pour *untrew*, v. J. Loth, *Revue Celtique.*
3. *Kymun* signifie proprement *communion* et métaphoriquement *mort.*

169. 29.   ny lafaraf i deith reith *ryscatwn,*

« Je ne dirai pas son voyage (où le voyage), le droit je le gardais (ou je le garderais.) »

Myv. arch. 154. 1. (pièce du XIIᵉ siècle; rajeunie comme orthographe).

154. 1 :   Cyd bei tau wledig hyd wlad bor eurawg
Rybydei fau faith ragor
Rybydwn ben cerd ben cor.

« Quand même serait tien le seigneur qui gouverne magnifiquement tout le pays, mien serait un avantage beaucoup plus grand : je serais le chef des arts, le chef des chœurs. »

Ibid.   Cyd bei tau wledig wlad Run ab Maelgwn
kyd bydei fau fed anhun [1]
Rybydwn ben cerd ben cun [2].

« Quand même serait tien le chef du pays de Run, quand même serait mienne la triste tombe, je serais le chef des arts aimé par dessus tout ».

310. 2 :   Kéryd ny haedei
Rei ae *ryvolei* llawr huvelyd,

« Ils ne méritaient pas le blâme ceux qui la louaient, flamme brillante du monde [3]. »

Dans les exemples de la *Myv. arch.* ainsi que ceux de Taliessin et du Livre noir, *ry-* ne paraît rien ajouter à la valeur du verbe. En prose même d'ailleurs, la forme de l'imparfait pouvait avoir la valeur d'un plus-que-parfait par contraste avec un plus-que-parfait précédent. *Mabinog.* 280 : pei as *gorchymmynnassut, nys gadwn.* « Si tu l'avais ordonné, je ne *l'aurais pas laissé aller* » (Gereint était déjà parti).

Pour les formes impersonnelles en *-it,* voir plus haut.

---

1. *Anhun* a plusieurs sens : celui de *insomnie* venant de *an* privatif plus *hun* et aussi celui de *desaccord,* qui n'est pas d'accord avec : c'est alors le contraire de *cyfun.*

2. *Cun* adjectif et substantif; il a le sens de *chef.*

3. *Llawr,* seul, a souvent le sens de *monde,* opposé à *nef.*

3° *Plus-que-parfait* (*prétérit secondaire*) : PROSE : *Anc. Laws* II. 74. 89 (mss. B) : a dywedut or llall y dodei ef ympen yr ynat ar arglwyd hyt na *ryvuassei* arnaw ef eiryoet hawl hyt y dyd hwnnw, « Et l'autre dit qu'il en appellerait au juge et au seigneur[1] d'autant qu'il n'y avait jamais eu de plainte contre lui avant ce jour-là. »

I : 84. 18 : Gan e gur cantaf *reescarassey* ay greyc (v. plus haut, *Imparfait*).

112. 5 : o dervit er din *rebrivasei* gurthot e lluden, « Si celui qui avait blessé l'animal le refuse. »

140. 5 : Mss. C : ry dygonsei (v. Prétérit prim.).

The Bruts. 104 : Kanys y Ffichtiaid a dugassei Sulgen gantaw a *rywnathoed* idav ef brat Basianus, « Car les Pictes que Sulgen avait emmenés avec lui, avaient causé la trahison de Basianus. »

111 : Kanys y tywyssogyon a *ryadawsei* Gustennin yn kadw llywodraeth, « Car les chefs que Constantin avait laissés pour garder l'état. »

279 : Ar cledyf a rydaroed idaw y dodi ar benn y wely ae wayw is y traet a *rydygassei* Gadwgawn, « Et l'épée qu'il avait placée à la tête de son lit et sa lance au pied, Cadwgawn les avait enlevés. »

100 : Kanys y gwyrtheu *a rywnathoed* yr ebystyl yn pregethu ar hyt y byd *ar daroed kyfroi* a goleuhau y gallon, « Car les miracles qu'avaient faits les apôtres par le monde avaient fini par émouvoir et éclairer son cœur. »

111 : Kanys y rei hynny *a rydaroed* udunt *gwrthlad* Maxen, « Car ceux-là avaient repoussé Maxen. »

Han Gruff. ab Cynan : p. 36 ae *rannu* (Gwyned) ry daroed[2] udunt, « Et ils avaient partagé Gavynedd. »

— Lynges hagen a *ry welsynt.* « Cependant la flotte qu'ils avaient vue. »

P. 36 megys y dothoed gynt nebun wryanc... or vrwyder *ryvuassei* y menyd Gelboe. « Comme était venu autrefois un jeune homme du combat qui avait eu lieu sur le mont de Gelboe. »

---

1. Aneurin Owen a lu *a'r arglwyd*. Il est possible qu'il faille conserver le texte et traduire : qu'il se plaindrait au seigneur contre le Juge.

2. Texte *ry darved*.

Mabinogion, p. 83 : A cherric uchel eithyr agarw amdyfrwys ny rywelsei eiryoet y gyfryw, « Et des rochers élevés extrê-mement abruptes, arrosés, tels qu'il n'en avait jamais vu de pareils. »

85 : Am y vorwyn *rywelsei* trwy y hun, « Au sujet de la jeune fille qu'il avait vue pendant son sommeil. »

114 : nyt oed waeth kyfuarwyd yn y wlat nys *rywelsei* eiryoet noc yn y wlat ehun, « Il n'était pas plus mauvais guide dans le pays qu'il n'avait jamais vu que dans son propre pays. »

139 : A gellung yna arnadunt a oed o gi *rynodydoed* yn llwyr, « Et il lâcha alors tous les chiens qui avaient été désignés. »

146 : achynhebrwyd yr twryf hwnnw nys *ryglywssei* eiryoet, « Et de bruit aussi rapide que celui-là, il n'en avait jamais entendu. »

151 : A plan ordiwedassant y llu, *neur disgynnassei* Arthur aelu..., « Et lorsqu'ils atteignirent la troupe, Arthur et sa troupe étaient déjà descendus. »

Poésie : *L. Aneurin* 86. 28 :

> A gwyr Nwythyon *ry gollessyn*,

« Et les gens de Nwythyon avaient été perdus. » Le texte n'est pas sûr.

L. noir 8. 2 :

> Ac ni *riuelssud* y meint a garyssud,

« Et tu n'avais pas (bien) vu tout ce que tu avais aimé ? » Il s'agit de reproches faits au corps par l'âme.

L. Taliessin : 138. 34 :

> Datwyrein y Vrython
> a oreu Gwytyon
> Gelwyssit ar Neifon
> ar Grist o achwysson
> hyt pan y gwarettei
> y ren *rwy digonsei*,

« Gwytyon a causé le relèvement des Bretons ; il avait fait
appel au Créateur, au Christ, dans les épreuves ; pour qu'il
sauvât (ou jusqu'à ce qu'il sauve), lui le chef, ceux qu'il avait
créés. » (*hyt pan* n'a parfois que le sens de *pour que*).

Myv. arch. 230. 1 :

Ryn parassai Duw heb dim eisseu,

« Dieu nous avait créés sans aucun besoin. »

Il va sans dire que *ry-* ici est inutile, s'il ne s'agit que de le
valeur temporelle ou modale. Tout au plus peut-on admettre
que *ry-* renforce l'idée d'antériorité dans le passé exprimée
par le plus-que-parfait ; *ry* sert aussi à introduire le pronom

4° Conjonctif (pour le sens *optatif*, v. p. 44.

Prose : *Anc. Laws*, II : 22. 4. 1 : Ket *ryfo* yth dewys, nyt
ydyv : « Si (quoique) cela a été à ton choix, ce n'est plus. »
Anc. Laws, I, p. 6 : *claur* eur... kyn tehet ac ewyn am-
-aeth *ryvo* amaeth seyth vlenet, « Un plateau d'or aussi épais
que l'ongle d'un laboureur qui aura été laboureur sept ans.
J'ai adopté *ryvo* : en effet, avec son manque de critique et
de méthode habituel, Aneurin Owen n'a su prendre aucun
parti. Le ms. A portait *a vo*, ce qui est régulier ; An. Owen
préfère *ry-* qu'il emprunte à B et D, mais il laisse *a* qui n'est
pas dans B. Il eût fallu laisser intacte la version de A et
mettre en note en outre les versions de B et D. Même passage, Lois de Gwent (I, p. 624 : 2. 2) : kyndewhet ac ewin
amaeth *ar amaetho* seith mlyned : var. *a ryddalio* aradr ; autre
var. : *ry amaetho* ; autre : *a amaetho*. Aucun de ces mss. n'est
antérieur au xive siècle. La variante de Dyfed est intéressante :
kynn dewhet y ffiol ar claur ac ewin amaeth *amaethei* seith
mlyned, « Si épaisse la coupe et le couvercle que l'ongle d'un
laboureur qui *aurait labouré* sept ans. » An. Owen a introduit
a dans son texte devant *amaethei* ; var. *amaetho*. Le ms. L qui
sert de base est de la fin du xiiie ou du commencement du
xive. Une version de B, en appendice, au bas de la page, reve-
nant sur le sarhaet du roi d'Aberffraw (*Anc. Laws*, I, p. 234.
24) donne : a chyn tewet ac ewyn amaeth *y ryffo* amaeth nau
mlyned.

I. 678. 5 : « Ny chéif dim hagen ar neithawr gwreic *a rygaffo* gynt da ar y neithawr, « Il n'a rien cependant à l'occasion du mariage de la femme dont il aura obtenu déjà du bien à l'occasion de son mariage. »

274. 6 : Ac en ty *ny refo* clavery entéu seyth blenet kynt, « Et dans la maison où il n'y aura pas eu de gale depuis sept ans. »

316. 6. Od amheuyr y perchennauc na *regafo* er hyc cam ykanthau ef (var. o rygaffel), « Si on se demande en ce qui concerne le propriétaire si le bœuf n'a pas été endommagé par lui-même. »

528. 48 : Pa beth bynnac *rywnel* hi yn y welygord y bu gynt yndi, « Quoi qu'elle ait fait dans le clan où elle a été auparavant ».

270. 10 : O byt kennen am y llaet, y düen nauuetyt mey en lle keveuyn ny *re el*[1] un lluden en y blaen yndau, « S'il y a discussion au sujet de son lait, il faut la mener (la vache) le neuvième jour de mai, dans un lieu verdoyant où ne sera allée aucune bête avant elle. » Le ms. qui sert de base ici n'a que *ny el* ; *re* est emprunté à *C* et inséré dans le texte.

Mabinog. 99 : Kyt *rywnelych* di sarhaedeu llawer nys gwney bellach, « Si tu as fait beaucoup d'outrages, tu n'en feras plus désormais. »

184 : Nyt oes ar y helw namyn yr unty hwnn *nys ry dycko* iarll ieuanc yssyd gymodawc idi, « Il ne reste en sa possession que cette seule maison que n'ait pas enlevée le jeune comte son voisin. »

Poésie. *L. noir* 39. 5 : (en parlant de Hywel ab Gorony) :

gvae rycothui,

« Malheur à qui l'aura irrité. »

Cf. *Myv. arch.*, 191. 1 :

a *rygotwy* glew, gogeled ragtau,

« Que celui qui a irrité un brave prenne garde de lui. »

____

1. *El* a le sens conj. et futur : *yr el* puisse-t-il aller (Lévis Gl. Choti).

40   *J. Loth.*

Pour l'idée, cf. *Myv. Arch.* 247. 2 :

> Gwae a gawdd llew ac nyw llawch.

Cf. ce passage du *Livre noir* avec le même sens pour *cothvy* sans *ry-* :

35. 26 :   a *gothuy* Crist na chisced.

« Que celui qui aura irrité le Christ ne dorme pas. » (Cf. *Myv. arch.* 230. 1. Gwae *a godwy* duw.)

Je laisse de côté la forme *ar canhvyw*[1] probablement pour *a-ry* (41. 21), parce qu'elle est discutable.

Le Livre d'Aneurin présente une forme avec *ry-* et un verbe qui a l'apparence d'un futur ou conjonctif.

101. 10 :   *rwy gobrwy* gordwy lain,

« Qui l'aura mérité la lame d'épée l'abat. »

Llain a deux syllabes.

Livre de Taliessin :

110. 22 :   Ac yn duun glas[2] dyfyd imi,
                 Hyt pan *rychatwyf* vynteithi

« Et d'accord avec eux (les saints), j'aurai du lustre, tant que je garderai mes qualités. »

148. 31 :   Kewssit da *nyr gaho* drwc,

« Il a obtenu le bien celui qui n'a pas eu mal. »

206. 16 :   Kerydus wyf na chyrbwyllwyf am *rywnel* da.

« Je suis à blâmer de ce que je n'aie pas publié ce qu'il m'a fait de bien. »

Le passage suivant (123. 10) est trop peu clair pour qu'on puisse en tirer parti :

> nys deupi ryrys
> *rygosswy* rygossys.

---

1. *Myv. arch.* 171. 2, (même poème) attep a ganaf, a ganwyf.

2. *Duun* est pour *dyun*; *glas* a parfois le sens de *lustre*, particulièrement en parlant des habits; *dyfyd* peut avoir, comme nous le verrons, ainsi que d'autres formes similaires, le sens d'*avoir*.

157. 11 :   Kadeyr Teyrnon
                            kelvyd *rwy katwo*.

« La chaire de Teyrnon, habile celui qui la gardera. »

L. *Rouge.* 307. 2 :

                    Ry brynhwy[1] nef nyt ef synn,

« Celui qui aura mérité le ciel, celui-là ne sera pas surpris »
(saisi d'étonnement, après sa mort).

308. 5 :   *Ny rydecho* rydygir.

« Celui qui ne s'est pas enfui, on le porte » (sur une
civière).

Myv. Arch. : 250. 2 :

                    a *ry gollo* pawb a gar
                    ar wyneb daear dyfi[2],

« Tous ceux des parents qu'on aura perdus viendront à la
surface de la terre. »

348. 2 :   (*Gorddodau Merddin*)
                    . . .gwyn arfogion a dynn
                    y gad pan *ryddyfo* y dydd diarbed,

« Des hommes armés accourront au combat quand sera
venu le jour où on sera impitoyable. »

158. 2 :

                    Ny ry weleis tec nwy *ry gwelwy*.

« Il n'a pas vu beauté celui qui ne l'a pas vue. »

                    — vy rin a riein nys rybuchwy
                    nys gwybyt rewyt nys *ry gelwy*,

« Mon secret avec une dame qu'il ne le désire pas, il ne

---

1. Texte ry *brynw*.
2. Le texte porte faussement *Dyfi*; il s'agit des signes du jugement dernier); *dyfi* est un doublet bien connu de *dyfydd*.

le saura pas l'homme lascif qui ne saurait le cacher[1] (cf. Livre noir 5. 6 : ni ritreithir y revyt nys guibid ar nuy gelho). »

197. 2 :   Ny dirper pebyll ny ssyll pali
             nep_a *rwy garwy* yn vwy noti ?

« Il ne mérite pas une tente, il ne verra pas les vêtements de *paile*, celui *qui aura* aimé. ? — »

158. 1 :   Yn anhun anhed kyd *rysportwyf*
             Gorthewis iwrthyfy gwerth vy hir glwyf,

« Quoique j'aie supporté des troubles et de l'insomnie, elle s'est tue vis-à-vis de moi, pour *prix* de ma longue maladie » (prix, récompense, dit ironiquement).

274. 1 :   Ath folaf Duw.....
             Pwy nith fawl or sawl a *ryseilych*

« Je te loue Dieu. Qui ne te loue pas de tous ceux que tu établis solidement ! »

244. 1 :   Ac ny meddylio a *ruy dirpero*
             y ruyf a gaffo nyt ymgoffha,

« Celui qui ne méditera ce qu'il aura mérité (ou *pourra mériter*), oublie à quel maître il aura affaire (ne se rappelle pas le maître qu'il trouvera) ».

IMPERS. OU FORMES DITES PASSIVES

Les formes sont essentiellement conjonctives et impératives : v. plus bas, pour les formes en -*ri*.

PROSE :

Anc. Laws, I : 316. 7 : O dervyd y dyn menu guerthu hycc or kevar *rekevarer* [yndaw], ny dele y guerthu eny darfo e kevar, « Si quelqu'un désire vendre un bœuf de l'attelage

---

1. Proverbe (Richards, *Welsh Dict.*, 3e éd., p. 449. 2) : can rewydd ni bydd pell rhin.
Cf. L. Rouge 306. 22 :
             Gan rewyd ny phell *vyd rin.*
Le texte donne à tort *vyddrin* en un seul mot.

du terrain qu'on laboure en commun, il ne doit pas le vendre avant que le labour ne soit terminé. »

II. 40. 7 (ms. B) : o dervyd llad mab amheu diodefedic ac na *rygemerer*, ny thelir y alanas, « Si un fils douteux, simplement toléré, mais qui n'aura pas été accepté, est tué, on ne paie pas son *galanas* (prix du meurtre). »

La forme *rydigher* du Livre noir, p. 34, citée par Strachan (Ériu II, Part. II, p. 218) n'existe pas : c'est *rydighir* et le sens n'est pas celui qu'il donne : il confond *tynghu* et *tyngu* : v. plus bas, formes en -*ir*. Pour d'autres formes en -*er* avec *ry*-, v. *optatif* et *impératif*. Le sens prétérital ou conjonctif, parfois nettement constaté par plusieurs exemples dans les formes avec *ry*-, est-il dû à *ry*-? On trouve ce sens avec les mêmes formules, plus fréquemment sans *ry*-, dans tous les textes. Outre les exemples cités plus haut, j'en ajoute quelques autres : en face de *ry wnelych*, on peut citer : L. Rouge 258 : 26 : nyt atwna Duw ar *a wnel*, « Dieu ne défait pas ce qu'il aura fait (*quod fecerit*). De même dans les Lois : nit adwna cyvreith *a wnelho* unwaith yn ngwybod (cité par Silvan Evans, *Welsh. Dict.*) Le sens est commenté d'une façon instructive par ce proverbe des *Iolo mss.* 259 : Duw da nid adwna *a wnaeth* Mabinog. 100 : Kaffel etived ohonat ti *yr nas kaffo* o arall, « (Il est prédit) qu'il aura un héritier de toi quand même il n'en aurait pas eu d'une autre. »

Rees. *Lives of Cambro-british saints*, p. 17 : *Kyn ny lado* cledyf eu gelynyon wynt eisoes ny collasant wy palm y buddugolialeth, « Quoique l'épée des ennemis ne les ait pas tués, ils n'ont pas perdu néanmoins la palme de la victoire. »

Anc. Laws II. 114. 58. Treftadawc yw kyt bo o lwyn a pherth y *caffer*, « Il a droit à l'héritage (par son père), quoiqu'il ait été conçu dans les buissons (obtenu, tiré des buissons : enfant illégitime). »

Mabin. 199 : a dywet na deuaf y lys vyth yny ymgaffwyf ar gwr hir, « Et dis que je ne viendrai pas à la cour, avant de m'être rencontré avec l'homme long. »

p. 117 : Duw a wyr nat ymchoelwn hyt *pan welhom* y vorwyn, « Dieu sait que nous ne nous en retournerons pas *avant d'avoir vu* la jeune fille. »

p. 187 : hyt *pann gaffer* y eneit ef yn gyntaf, ny cheffir y tlysseu hynny, « Jusqu'à ce qu'on ait eu d'abord sa vie, on n'aura pas ces objets précieux. »

p. 262 : a chyt *caffo* Edern vab Nud govut a chlwyfeu gennyt ti, bynt lwydyannus a dugost, « Et quoique Edern fils de Nudd ait reçu de toi souffrances et blessures, ton expédition a été heureuse. »

5° *Ry* AVEC LE CONJONCTIF DANS LE SENS OPTATIF OU IMPÉRATIF.

Formes actives . je n'ai rien trouvé en prose.

POÉSIE. *L. noir* 47. 7 :

> Ren new *ryphrinomne* di gerenhit,

« Roi du ciel, puissions-nous mériter ton amour. »

9. 5 :   Nac im adneirun neu *rim uaredun* [1].

« Ne nous faisons pas de reproches, protégeons-nous mutuellement. »

L. Taliessin [2], 23. 6 :

> Re[e]n net *rymawyr* dy wedi
> Rac ygres rym gwares dy voli,

« Roi du ciel, accorde-moi de te prier, contre l'oppression que ta louange me protège. »

158. 1 :   Re[e]n rymawyr titheu
> kerreifant om *karedeu,*

« Roi, accorde-moi toi-même pardon de mes fautes. »

---

1. *Ri* + *imwaredun*. Il s'agit du dialogue du corps et de l'âme.
2. Le texte porte *ren* : il faut *reen* : cf. L. Rouge 304. 8. Reen net *rymawyr* . . .

Cf. *Myv. arch.* 122. 2 :

　　　　　Rymauir culuit cyrreifiaint,

« Que le Seigneur m'accorde le pardon [1]. »

109. 25 :　　　Ren *am rotwyr* dy volawt,

« Chef, accorde-moi de te louer. » V. 31 :

　　　　　　kyn escar vy eneit am knavt.
　　　　　　Rymawyr ympa pa yn pechawt.

Le premier *ym* est de trop : il ne faut que sept syllabes :
« Avant la séparation de mon âme d'avec mon corps, accorde-
moi (remets-moi) tout ce que j'ai de péchés. » Voir au *présent
second.* RYMAFEI.

109. 22 :　　　Ar sawl a *gigluen* [2] vym bardgyfreu
　　　　　　ry prynwynt nef adef goreu,

« Et tous ceux qui auront entendu mes paroles bardiques,
qu'ils méritent le ciel, la meilleure des demeures. »

105. 19 :　　　*Rydyrchafwy* [3] Duw ar plwyf Brython
　　　　　　arwyd llewenyd,

« Que Dieu lève sur le peuple de Bretons le signe de joie. »

---

1. Le texte porte :

　　　　Rym a vu yr culuit cyrreisiaint.

La faute est d'autant plus évidente qu'il faut sept syllabes. Le scribe copiait
un *ms.* plus ancien, qui offre des analogies au point de vue orthographique
avec le *Livre noir.* Il aura pris *u* pour *v* (f); voir plus haut *Rym a fei.* Si
on adoptait le texte, il y aurait neuf syllabes; avec *Rymawir*, on en a sept.

　　Dans le *Livre noir,* 5. 19, on a lu à tort *rimawy.* Il faut décomposer *ri-m-
aw y* : *y nota augens* ne compte pas, suivant la règle. Le vers a 12 syllabes,
divisé en tranches de 4 (v. ma *Métrique galloise* II, 1, p. 120).

　　　　Deus reen *rimaw y* awen (amen. fiat),

« Dieu chef accorde-moi l'inspiration. Amen fiat. » Le *ms.* a *ren*, ce
qui ferait une faute de quantité; il faut *reen* qui se trovve ailleurs. Dans
le L. noir, *ren* est toujours à corriger en *reen*.

2. Il faut lire *gigleu* : cf. L.-Rouge 304. 26 :

　　　　ar sawl a gigleu vy mard lyfreu
　　　　ry brynhwynt wlat nef adef goreu

Bardgyfreu est, en revanche la leçon ancienne.

3. Cf. 211. 25 : *Dydyrchafwy* Dreic o parth Deheu : ici le sens peut être
futur.

Il est possible que *rydyrchafwy* ne porte pas sur *arwyd* et qu'il faille traduire : que Dieu se lève en faveur de...

179. 2 :

Rydrychafom erbyn Drindawt gwedy gwaret Croes Crist.

« Élevons en face de la Trinité, après le salut la croix du Crist. »

Myv. arch. 232. 2 :

> Kyn boed ym oerglat boed[1] ym arglwyd
> *Ry dalwyf* yawn yn radlawn rwyt,

« Avant que je n'aie le froid de la fosse puissè-je rendre raison à mon Seigneur abondamment. »

180. 1 :

> *Ny rygodwyf* rwyf rym gweryt o dygyn
> *ny rygollwyf* Duw o dewred byt,

« Que je n'irrite pas le guide qui me préserve du malheur, que je ne perde pas Dieu par suite des magnificences du monde. »

287. 1 :   Direidyon dynyon *ny rydoniych,* dat.

« Les méchants, ne les favorise pas, ô Père (dawn a le plus souvent, comme *dán,* en irlandais, le sens *de talent*). »

182. 1 :   Daioni vy ri am rydha
         Ryd *rybuyf* gan vy ruyf ruy gwna,

« La bonté de mon roi me libère, puissé-je être libre avec mon chef qui le fait (ou *la fait,* la bonté) ».

228. 1 :   Or drun ry loveist *ry lavaruyf,*

« Que je parle du.. que tu as accordé. » La lecture *drun* est suspecte.

---

1. Mot à mot : puisse-t-il être que j'aie payé. Cf. *ibid.,* *boed* ef y *bytwyf* gwedy betrawd kyd ar unduw...

230. 1 :

      Rex *rys gallychuyf* ruyf ryvedeu,

« Que je prie le Roi le maître des merveilles. »

236. 2 :   *Duw rym roddwy...*

« Que Dieu me donne... »

La poésie de la *Myv. arch.* fournit cet exemple avec la forme même de l'impératif :

Myv. arch. 353. 1 :

      Y cam *rywnaetham* na *rynoetha*.

« Ne mets pas à nu (trop à nu ?) le mal que nous avons fait. »

C'est le seul avec l'exemple cité plus haut du *Livre noir* (*rimuaredun*).

Formes impersonnelles :

Anc. Laws II, p. 198 : il s'agit d'un serment prêté sur les reliques et qui n'a pas été tenu : ac wrth hynny y dywedir : *ny rypeirch ny ryparcher*, cany pherchis ef y creireu ny dylyir perchi y creireu wrthaw ynteu, « Et c'est à ce sujet que l'on dit : *qu'on ne respecte pas celui qui ne respecte pas* ; puisqu'il n'a pas respecté les reliques, on ne doit pas respecter les reliques en ce qui le concerne. »

La même idée exactement se retrouve interprétée *Myv. arch.* 128. 1 : ar nat parcho na pharch, « No respecte pas celui qui ne respecte pas : n'aura pas respecté. »

Poésie : *Livre de Tal.* : 194. 4 :

      Rylyccrer rytharnawr ry barnawr.

Le sens est fort incertain.

Myv. arch. 167. 1 :

      yg goleuad rad *ry damuner*,

« Que dans la lumière de la grâce (au ciel) on le désire. »

Dans la même pièce sans *ry-*, avec le même sens.

> Yn ran orfowys *yd gynnwyser*
> yg goleuvreint seint *yt asswyner*
> yg goleu adef nef *yt noter*.

Ry- à l'optatif n'a guère qu'une valeur de renforcement, quand il en a une. Inutile de dire que l'optatif se passe de *ry-* : c'est même à peu près la règle. On se sert simplement du conjonctif en *-o* ou *wy*, ou encore de l'infinitif (Daf. ab Gwilym, 171 Gwyn am nudd *i'm dwyn*, « que Gwynn ab Nudd m'emporte). »

6°. *Ry-* AVEC LE FUTUR :

En prose, je n'en connais pas d'exemple.

Poésie : Livre noir : 22. 22.

> Oian a parchellan, na vit hunauc
> *Rydibit* attamne chuetil dyfridauc.

« Écoute, petit pourceau, ne sois pas ami du sommeil, une nouvelle attristante va nous venir. »

24. 7 :   *Rydibit* div maur dit guithlonet
> kywrug glyv Powis a chlas Guinet,

« Viendra un grand jour, un jour de colère, entre le chef de Powys et la communauté (peuple) de Gwynedd. »

25. 28 :   *Ryllettaud y* wir ew tra thir Mynvy,

« Il étendra son droit (sa puissance) à lui au delà de la terre de Mynwy. »

L. *Taliessin* 126. 26 :

> *Ryn gwarawt* yt Trindawt or trallawt gynt,

« La Trinité nous préservera de l'épreuve d'auparavant. »

Le contexte semble indiquer un futur : c'est une prédiction ; mais un autre sens est possible.

131. 14 :   Mi twyf *Taliessin*,
> *Ry phydaf* y iawn llin

Para[a]wt hyt ffin
ygkynelw Elphin,

« Et moi je suis Taliessin, je chanterai la lignée légitime, elle durera jusqu'à la fin au profit d'Elphin [1]. »

193. 19 :   En enw gwledic nef gorchordyon,
Rychanant rychwynant eu dragon,

« Au nom du chef des grandes cohortes du ciel, ils chanteront, ils pleureront leur *dragon*. »

Ibid. 25 :   *Rydysyfaf* [2] *rychanaf* y wledic
yn y wlat yd oed ergrynic,

« Je réclamerai, je chanterai le chef dans le pays où il était craint. »

202. 17 :   Rydybyt Llyminawc
a vyd gwr chwannawc
y werescyn Mon,

« Viendra Llyminawc [3] qui sera un homme avide de soumettre mon. »

Myv. arch. 160. 1 :

Rys molaf om cert om kein aches.

« Je le louerai par mon art, par ma belle inspiration. »

181. 1 : « Il s'agit de trois troupes dont une de damnés qui viendront au jour du jugement devant Dieu. »

Rygyrchant unpeir teir trydar
Kynnadledd kenedloedd ampar

1. Le texte porte *parawt* qui rend le vers incorrect métriquement : il faut cinq syllabes. Il y a donc à corriger en *paraawt* ou mieux *parahawt* qui est connu. Pour *kynelw*, cf. *Myv. arch.* 157. 2 :
eithyr kenyt *kynelw* ny wnaf.
« Je ne ferai de profit qu'avec toi seul. » *kynelw* est différent de *kyndelw* (irl. *con-delhe*).
2. Je lis *deisyfaf*.
3. *Llyminawc* (le sauteur) rappelle le *Llymminawc lledfer* de Hanes Gr. ab. Cynan traduisant le *saltus ferinus* de Gaufrei de Monmouth (Arch. Camb. XII. 43); le biographe l'applique à Gruffudd ab Cynan.

« Elles iront trouver le même créateur les trois réunions bruyantes de nations différentes. » Le sens est quelque peu discutable, mais non celui de *ry gyrchant*.

211. 8 : Racdaw ryglywhaur maur gyfagar
    A triganet kyrn a gwerin trygar
    Ry thrychynt rygyrchynt yg cledyfar.

« Devant lui, on entendra de grandes marques d'allégresse et le tapage des cornes et du peuple très aimé : ils tailleront en pièces ce qu'ils attaqueront dans le jeu des épées. » *Cyfagar* est-il pour *cyfangar* de *cyfan* complet et de *car* ?

J'ai adopté le futur pour *rythrychynt* : le contexte y oblige (cf. *L. n.* 32. 15 : ban *vitint* lorsqu'ils seront; 25. 2 : ban *dottint* etc.). »

292. 33 : Oes ieuengtit aghyfyrdelit y vaeth dybyd,
    Berw ymdifant [1] barvawc or cant *nys rywelyd*.
    Uryen Reget.

« Une génération de jeunes gens, dont l'éducation ne sera guère belle viendra; ils disparaîtront [1] comme des bulles d'eau bouillante : sur cent il n'y en aura pas un avec de la barbe à voir Uryen de Reget. » (Il est possible qu'Uryen soit le sujet. Uryen ne verra pas un d'eux sur cent ayant de la barbe).

110. 3 : Bydwyf Trindawt trugared
    Iolaf *rybechaf* elvyd gwaed,
    naw rad nef.

« Que j'aie la pitié de la Trinité. Je prierai, je demanderai instamment, cri du monde, les neuf faveurs du ciel. »

Il est possible qu'il faille lire *naw grad*, les neuf degrés.

219. 2 (marwnad) :

    maith i'm gwnaeth alaeth ac arwydd arnaf
    [ny] *rydynnaf* [2] dan ei aflwydd,

---

1. Mot à mot : *disparition de bulles* (sur l'eau bouillonnante). J'ai lu au lieu de *barnawc*, qui est dans le texte, *barvawc*.

2. *ny* s'impose. Il se trouve d'ailleurs dans un ms. plus ancien que la

« Sa mort m'a causé grandement de douleur et il y en a
des signes sur moi; je ne céderai pas sous le poids de son
infortune. »

194. 2 :   Ban del gofyn arnam ni *rybytwn* ofnawc
             Rac gormes kedeirn.

« Quand on nous appellera, nous ne serons pas peureux
devant l'oppression des puissants. »

205. 1 :

             ry chwynant anant anhawt goll teyrn.

« Ils pleureront, les poètes, les chefs dont la perte est si
pénible (si difficile à réparer). »

157. 1 :   *Ry talal* ym rwyf om rwylweith molawd.
             Nid molyant o vriw yeith
             Delw ym peirch a meirch mygyr bydeith

« Je paierai (revaudrai) à mon chef par mon œuvre trans-
parente [1] un éloge — non un éloge en mauvais [2] langage,
mais comme [3] il m'honore lui aussi en chevaux de bel aspect,
bons coursiers. »

FORMES PASSIVES.

Les formes en *-ir*, quoi qu'en dise Strachan, d'après Stern,
expriment le futur aussi bien que le présent. Les formes en *-er*

source de la *Myv.* ici (G. Evans, *Report on mss. in the welst L.*, t. II, p. 360 :
ms. 29 de Peniarth) : my ny *retennaf* adan e afluyd.
Cf. pour le sens ce proverbe : Pan bwyer arnad, *tynn dy droed attat*
(Rich, Dict., 468. 1).
1. *rwyl* est probablement identique à l'irlandais *réil*, clair. La racine est
la même probablement que dans *rhwyll* : *rhwyll-waith*, travail à claire-voie.
Il est possible même que le poème ait voulu donner à *rwyl-waith* le sens
d'œuvre à entrelacs. Dans un sens analogue on trouve assez souvent :
gweu, tisser (un poème) ; *tryfrwyd*, percé de trous comme une dentelle, se
dit aussi des poèmes. Il est à noter que *tryfrwyd* a pris aussi le sens de
transparant, clair.
2. *briw* a tous les sens de l'anglais *broken.*
3. *delw*, image, statue, est employé fréquemment dans le sens de *comme*
en poésie : cf. cornique *del.*

forment contraste avec elles : celles-ci sont essentiellement conjonctives et impératives : ex. Elucid.

p. 32 :   mwya *holir* yr nep mwyhaf
a *orchymynner* idaw

(traduit : cui plus committitur (*commissum erit*), plus ab eo exigitur.

Cf. *Mabinog*, 13 : y gymeint ohonof i a *gaffer*, a *geffir* drwy ymlad, « Tout ce qu'on pourra avoir de ma personne on l'aura par combat. »

Ibid., p. 137 : hyt pan y *gaffer* y eneit ef yn gyntaf, ny cheffir y tlysseu hynny, « avant qu'on ait eu sa vie, on n'aura pas ces objets précieux. »

Pour la valeur de -*ir* :

L. noir 25 :
assuinaf archaf, eirchad
ym *gelwir*.

« J'adjurerai, je demanderai, quémandeur on m'appellera. »

L. Aneurin 64. 9 :
Hyveid hir *ermygir* tra vo kertawr.

« Hyveidd le Long sera admiré, tant qu'il y aura des poètes. »

96. 17 :   *Etmygir* y vab Tecvann.

« On admirera son fils Tecvann. »

101. 16 : kewir *yth elwir* oth kywir weithret

« Loyal on t'appellera à la suite de ton œuvre loyale. »

L. rouge 292. 19 :
mwy a *gollir* noc a *geffir* o Wyndodyd

« Il se perdra plus qu'il ne se conservera de gens de Gwynedd. »

Myv. arch. 322. 2 :

> ni weled ac *ni welir*,

« On n'a pas vu et on ne verra pas. »

179. 1 :   a ueles *ny uelir* hyt vraut,

« Ce qu'il a vu, on ne le verra pas jusqu'au jugement. »

225. 1 :   fyth bellach *ni welir*,

« Jamais plus on ne le verra. »

Les formes en *-ir* sont fréquentes chez les poètes de la *Myv. Arch.* et ont aussi souvent la valeur de futurs.

L. n. 5. 6 :

> Breuduid a uelun neit
> *ny ritreithir* [1] y reuit nis guibit ar nuy gélho

« Le songe que j'ai vu, on ne l'exposera pas (je ne l'exposerai pas) à un libertin, il ne le saura pas celui qui ne saura le cacher. »

Ibid., 54. 20 : canisti Guin gur kiwir
      racod ni *ryimgelir*.

« Et puisque c'est toi Gwyn, homme sincère, devant toi, on ne se cachera pas. »

---

1. Il ne s'agit pas du tout ici d'un fait général. Le songe dont il est question commence à être exposé d'une façon, il est vrai, énigmatique dans ces vers :

> *ni ritreithir...*
> *neur vum* ydan un duted
> a buñ dec liu guanec gro

« eh bien, j'ai été sous la même couverture avec une belle femme, couleur de la vague de la grève. »

De même dans le poème, de la *Myv. arch.* 158. 2 : il s'agit d'une dame à laquelle le poète fait la cour :

> vy rin a riein nys rybuchwy
> *nys guybyt rewyt nys ry gelwy*

« mon secret avec une dame, qu'il ne le désire pas : il ne le saura pas le libertin qui ne le cacherait pas » (qui serait incapable de le cacher).

L. rouge 262. 2 :

oth *ryledir* ath gwynnwyf.

« Si on te tue (te tuera), je te pleurerai. »

L. rouge 284. 9 :

Ry gelwir Trenn tref difawt.

« On appellera Trenn une habitation sans renom.

Ibid. 12 : *Ry gelwir Trenn* tref lethrig.

L. Tal. 294. 3 :

Tru phryder, rygohoyw *rylyccrawr*
Rylyccrer *rytharnawr rybarnaur*
Rybarn pawp y gwr *barnher* [1].

« Sujet d'extrême souci, ce qui est très brillant on le gâtera,
ce qu'on aura gâté, on le   [2], on le jugera. »
Chacun juge qui a été jugé (aura été jugé).

211. 8 : Rac daw *ryglywhaur* mawr gyfagar (v. formes
actives, plus haut).

L. rouge 308. 11 : ny rydecho *rydyghir*

« Qui ne fuira pas, sera porté (sur une civière). »

Myv. Arch. 194. 1 : a garo Dewi

Rygelwir ef yn goeth yn gyvoethawc

« Qui aimera Dewi on l'appellera pur, riche. »

205. 2 : kyrch Gruffut *ry honnir*

« On célébrera l'attaque de Gruffudd. »

215. 2 : berthideu rieu *ry wascarawr*.

« Les richesses du Roi (Dieu) seront répandues de tout
côté. »

---

1. Je lis *barnher* au lieu de *banher*. Ce *qui est très brillant* s'applique aux
personnes. *Llygru* se dit des personnes et des choses et indique un dommage,
parfois la corruption.

2. *Rytharnaur* est incertain ; *tarnu* existe avec le sens *d'essuyer*, de sécher.
On pourrait peut-être lire *tarvawr* : *tarfu*, mettre en fuite, chasser.

7° : *Ry-* AVEC LE PRÉSENT DE L'INDICATIF.

A. *Le présent avec ry- a le sens de possibilité.*

L. n. 47. 10 :

> Llicrid rid reuhid llin
> *Ryseiw* gur ar un conin.

« Le gué est gelé, l'étang gèle, *on pourrait se tenir* debout sur un seul roseau. »

Le passage du fol. 45 ª 2, Skene 9. 29, cit. par Strachan, ne peut figurer ici ; le vers n'est pas isolé et se rattache au vers précédent.

> ac ew gueith dimgunelem ne dim brodic [1] dit
> *nis rydraeth* ryueteu kyvoeth ruyteu Dovit.

« Et l'œuvre que nous pourrions avoir faite n'est rien le jour du jugement, celle qui n'expose pas (habituellement) les merveilles, les richesses [2] de Dieu. »

Rydraeth apparaît aussi 46. 17, mais il manque évidemment ici un vers :

> kyvoetheu ri *nisrdraeth*

« Les richesses du roi (du ciel) celui qui ne les célèbre pas... » Il faut lire *nis rydraeth*, pour faire le vers qui est de 7 syllabes.

En revanche, le sens de la possibilité est très net dans le passage correspondant de la *Myv. Arch.* 241. 1 : Cyfoetheu fy rhen *nes rydraeth* tafawd, « les richesses de mon roi, la langue ne saurait les exposer. »

Ibid. 232. 1 :
> y radeu
> ni *rydraeth nep* tavawd

« Ses grâces à lui, aucune langue ne saurait les exposer. »

L. n. 49. 3 :
> briuhid ia brooet lum
> *Rydieigc* glev o lauer trum

---

1. Pour *brodic*, cf. L. Tal. 216-9, *Hyt vrodic yt* para. *Dimgunelem* ne est composé de *dym* = *do+amhi-*; ce préfixe apparaît fréquemment chez les poètes du XII-XIIIe siècle.
2. Il est probable qu'il faut lire *kyvoethruyteu* en un seul mot.

« La glace se brise, les plaines sont nues; le brave peut s'échapper (ou plutôt s'échappe habituellement) de beaucoup de mauvais pas [1]. »

Myv. arch. 261. 1 : le poète dit en parlant des bardes :

Keneis dy volyant val *nas ry ganant*

« J'ai chanté ta louange, comme ils ne sauraient la chanter. »

250.2 (en parlant du feu dans « les signes avant-coureurs du jugement. »

mor ddiffaith *nis ryddiffawdd*, rhag meint ffrawdd ffrydiau tan.

« La mer stérile ne saurait l'éteindre à cause des nombreux et impétueux torrents de feu. »

Proverbe (Richards, *Welsh Dict.*, p. 463.1) :

ni rygelir dryclam

« On ne saurait cacher une fâcheuse chute. »

Le sens de *possibilité* est très voisin du sens *futur*. La plupart des exemples précédents pourraient s'expliquer ainsi; et de fait, en français, on emploie le futur dans ce sens. En voici dans les *Mabinogion*, p. 199, un exemple assez frappant. Peredur, après avoir tué le chevalier, veut en vain lui enlever sa cuirasse :

ny daw vyth, heb y Peredur, y beis hayarn y amdanaw.

« Il est impossible de lui enlever sa tunique de fer » (mot à mot : elle ne viendra jamais d'autour de lui, sa tunique de fer).

B. *Ry- se trouve avec le présent, indiquant qu'une chose se fait habituellement sans précision de temps ni de personne* (v. plus haut *A*, l'exemple de *rydieigc*).

Myv. arch. 216. 1 :

Kywirdoeth *rwy gwel* brad annel bryd.

____

1. *Trum*, pas méthaphore, a aussi le sens de *combat*.

« L'homme véritablement sage l'aperçoit, l'esprit qui tend la trahison. »

La variante de Cynddelw est préférable et plus clair (v. Silv. Evans, *Welsh. Dict.* à annel).

> Kywyrdoeth [1] *ryu gogel* brad annel bryt

« L'homme complètement sage l'évite, l'esprit qui tend la trahison (l'esprit à piège à trahison). »

L. Tal. 149. 3 :

> Rac rynawt tan dychyfrwy mwc
> an ren Duw an *ryamwc.*

« Devant le souffle de feu que la fumée fasse rage ; Dieu qui nous guide nous défend. »

194. 3 :   *Rybarn* pawb y gwr banher

je suis disposé à lire :

> *Rybarn* pawb y gur barnher

« Chacun juge celui qui l'a jugé (aura été jugé).

Le sens est incertain.

180. 6 :   Ti a nodyd a *rygeryd* o pop karchar.

« Tu protèges qui tu aimes de toute prison (tous ceux que tu aimes). »

Myv. Arch. 267. 1 :

> Gnaut *rygwyd rygais* ny allo

« C'est chose habituelle qu'il échoue celui qui cherche au-dessus de ses forces. »

209. 1 :   Lleveir a gwbleir *ny ry gablaf,*

« Des propos qu'on accomplit je ne les blâme pas. »

---

1. Ici *kywyrdoeth* = *kyfr -ddoeth* ; *rwy* et *ryu* (*ryu-*) n'est pas très rare : v. plus bas, c'est le pendant de *nyu- nwy-.*

Proverbe (*Myv. Arch.*, cité d'après Silvan Evans, *Welsh. Dict.*) a gwyno rhwy ni ry gwynfan, « qui se plaint trop ne se plaint pas du tout. »

(Richards, 448) : a oddef *rydau*, « qui souffre se tait. »

Myv. Arch. 190. 1 : a ffrwythau a doniau Duw *ryddigawn*, « Et les fruits et les dons (de l'esprit) Dieu les fournit abondamment. »

Ms. Peniarth 29 (Report on mss. in the welsh Lang. I, II, p. 361) :

> ny kusc Duu pan *ryth gnaret*.

« Dieu ne dort pas quand il le protège. »

Cf. Prov. 217 : ni chwsg Duw pan *rydd gwared*, « Dieu ne dort pas quand il donne sa protection. »

Myv. Arch. 187. 2 :

> kret a ched a chert *ry chygein*

« Foi et présent et art s'accordent. »

Myv. Arch.

> ny *rygar* trugar tra syberwyd
> ny *rydaw* anaw ae anwylyd¹

« L'homme pitoyable n'aime guère l'excès de superbe ; le poète ne sait pas se taire au sujet de l'aimé. »

FORMES IMPERSONNELLES

Myv. arch. 159. 2 :

> a glywch chwi deon a dywedir :
> a dyweid rieu ny *ry geblir*.

« Entendez-vous, grands, ce que l'on dit : ce que dit le roi, on ne le blâme pas. »

L. Aneurin 94. 8 :

> Pawb pan *ry dyngir* yt ball

« Chacun défaille, quand le moment fixé par le destin est arrivé. »

1. On attendrait *teu*, qui est la forme régulière.

L. n. 34. 18 : Lleas paub pan *rydighir.*

« La mort de chacun arrive au moment fixé par le destin. »

Cf. plus haut :

> nis beirw bwyt lwfyr *nys rytyghit.*

Dans le L. n. la graphie -*gh*- n'exprime *jamais* que la nasale gutturale sourde, *nk*- vieux-celtique, actuellement *ngh*-. Les deux racines *tŭnc*- et *tŭng*- ont été souvent confondues par erreur : *tynghu* est à rapprocher dans breton *tonka* ; *tyngu*, de *toui*, *touet*, jurer, faire serment.

PROSE :

Proverbes (Richards, *Welsh Dict.*, 469-448) :

> rhygas *rywelir*

« Trop de haine se voit. »

> a noddo Duw *ry noddir*

« Ce que Dieu protège, est bien protégé. »

Bon nombre de proverbes gallois remontent par leur forme et leur construction à une époque fort ancienne et sont précieux pour la syntaxe et la lexicographie.

C. PRÉSENT AVEC *ry* SANS CARACTÈRE PARTICULIER :

Assez souvent il s'agit d'une *habitude* mais aussi d'une *personne précise.*

PROSE :

Mabinog, p. 60, ef a *ryeill* ych nackau, « Il se peut qu'il vous refuse. »

Il est impossible de supposer ici une formule *ef ar y eill* En effet, *y* qui ne pourrait être dans ce cas que la particule verbale, ne produirait pas infection, si *y* est pour *yr* ; si c'était *yd*, on le trouverait écrit (*yd eill*).

Poésie :

L. *Aneurin* 85. 1

> aer dwys [1] *rydywys* ryvel
> gwlat gord garei gurt vedel.

« Tête de combat, il dirige la guerre : la troupe du pays aimait ce rude moissonneur. »

Ibid. 97. 11 : *Rymun* [2] gulet *rymun rymdyre.*

« Il me désire, le pays, il me désire, il accourt à moi. »

L. *noir* 27. 2 :

> *Rymdyuueid* huimleian chuetyl enryvet

« Une sorcière me dit une nouvelle étonnante. »

Ibid. :

> Rec rysiolaw, rec a archaw [3], ruymav iurthen

« Un présent je demanderai (par prière), un présent je demanderai, je m'y attacherai. »

6. 25 *Ry hait* [4] itaut *rycheidv* y naut rac caut gelin.

« Il mérite sa richesse ?, il garde bien son droit de protection contre la colère de l'ennemi. »

Voir plus loin, pour *rycheidv*, l'exemple de Taliessin 204, 30.

L. *Taliessin* 204. 30 :

> yth iolaf
> Budic Veli
> amhanogan ri
> *Rygeidw* y teithi
> Ynys vel Veli
> Teithiawc oed idi.

---

1. Le texte donne *aer dywys* ce qui est une faute certaine, le mètre exigeant 7 syllabes. Il s'agit ici de *twys*, épi, employé métaphoriquement.

2. *Ry-m-un* contient *uno*, verbe *uno*, désirer, que contient aussi *damuno* : Myv. arch., 143. 2 : Owain a *unis* fymryd.

3. Sans la *cynyghanedd* qui exige la rime en *af*, on aurait pu songer au substantif-infinitif *ruymaw* et voir dans *iurthen* un dérivé de *ywrch* ; cf. ce passage des *Mab.* p 230 : sef a barawd eu *ruymaw* wynt *ruymat iwrch.* Je me suis donc décidé à voir dans *iurth* la préposition avec un suffixe pronominal -*en*. On ne peut supposer -*yn* ; la rime est en -*en*.

4. *Ryhait* rappelle le vieil-irl. *ro- sagim.*

«Je te prierai Beli le victorieux, fils du roi Manogan, qui garde ses qualités (royales) : l'île de miel, c'est Beli qui était son chef légitime. »

162. 6   *Ryt*[1] *ebrwydaf*[2] drut
         Ry talmaf[3] ehut
         Ryduhunaf dremut.

« Je facilite la course de l'audacieux, je frappe le téméraire, je réveille le silencieux. »

Myv. arch. 147. 2 :

         Rydost fymhenyd
         Rydrwm fy nhristyd
         Rym ergyd oer goded.

« Trop cuisante est ma pénitence, trop lourde ma tristesse : je suis frappé par un coup qui me glace. »

203. 1 :   ef rywr *ryweryd* digreid[4].

« Lui, le héros protège le faible[4]. »

226. 2 :   *rychyngein*[4] Prydein yn dibryder[5].

« La Bretagne se trouve sans souci. »

158. 2 :   am a *rygaraf* y kenym karuy.

« Pour celle que j'aime, quoiqu'elle ne m'aime pas. »

---

1. On remarque le *t* pronominal dans *rytebrwyddaf*; cf. plus haut *ryd anvones*.

2. *Ebrwydo* a le sens propre d'accélérer ; mon interprétation est donc quelque peu hasardée ; mais *rhwyddhau* (*rwoythau*) a le sens de *faciliter* (un voyage, une entreprise).

3. *Talmu* est traduit différemment. L'expression courante : nid oes *dim* yn *talmu* arno (il n'y a rien qui fasse impression en lui) semble indiquer que le sens propre est *frapper*, peut-être *arrêter*. Ce qui est confirmé par le vannetais *talm*, coup de tonnerre, *batalm*, fronde. Cf. l'expression galloise yr ys *talm* il y a un certain temps, est empruntée probablement au lancement de la fronde (cf. à une portée de lance). Il se pourrait que le sens du gall. *talm*, laqueus, fût dérivé et non primitif, malgré l'irlandais ; d'ailleurs *tailm* a aussi le sens de fronde.

4. Le sens de *digraid* est incertain.

5. Je suppose que *cyngein* est pour *cyn-gan* et non *cyn-ghan* : cf. *geni*, être contenu dans ; *ganu*, contenir. Le sens n'est pas sûr.

249. 1 : ae habad rotyad rad *rydyryt*
attann [1] *rydyrrann* oe lan lluossyt.

« Son abbé généreux donne des faveurs à eux ; à son monastère beaucoup arrivent se grouper. »

188. 2-189. 1 (Éloge de Hywel M. Ewein) :

Ry dylawch eirchyad ac eirchon
Ry dylat yn drud ran canaon knud
Ry dylud alltudyon

Ry dyly dilein gwleidiadon
Ry dylyf kynnif cadvaon
Ry dervyll rwyf dreic rodolyon eirchyeid
Ry dalant eu rotyon

Ry dysgaf disgywen veirtyon
Rym gedir y gadeir amrysson
Ry dirllid vyg cert yg keinyon o vet
yg kynted teyrnon

« Il (Hywel) accueille aimablement suppliant et suppliques ; il frappe (ou tue) le parti des fils de loup [2] ; il chasse les étrangers, il a le droit de détruire les petits chefs [3] ; il dirige [4] la lutte des guerriers ; il reçoit [5], lui le chef, le dragon, les demandeurs errants [6] ; eux lui paient ses dons. Pour moi j'instruis les bardes brillants ; on m'abandonne la chaire du concours (bardique) [7] ; mon art se récompense [8] en cadeaux d'hydromel dans la place d'honneur des chefs. »

---

1. *attann* paraît ici, d'après le sens, indiquer la 3e pers. du plur. ; cf. *ibid.*
250. 1 :   Deon meironyt...
                Daw gantut eu but parth ac *attann.*
2. *Knud* a souvent le sens de *loups* et aussi de *troupe* de loups.
3. Dans plusieurs poètes on aperçoit l'hostilité du souverain contre les grands chefs vassaux.
4. *Dylifo*, ourdir, est employé ici comme *ystofi* qui est également employé au figuré dans ce sens (j'ai corrigé *kynnyf* en *kynnif*).
5. J'ai remplacé *ryd erwyll* par *ry derfyll* (*darfolli*).
6. Ces demandeurs errants sont des ménétrels.
7. Rym gedir y : *y* est *nota augens*, comme le montre la mesure.
8. *Dyrllid,* cf. breton *dellid*, mérite. Les formes du présent et du futur sont en *-ydd* (breton *-ez*) : *dyrllydd*. J'ai supposé, à cause de la construction avec *yg keinyon* que *dirllid* est une forme impersonnelle.

226. 2 :   *Rymolant* anant anaw kymer
                Rymolir y wir y orober

« Les poètes le célèbrent lui le confluent [1] de la poésie ; on loue sa puissance, ses grandes actions. »

FORMES IMPERSONNELLES

L. Taliessin 158. 26 :

        Rym gelwir kyfrwys yn llys Don

« On m'appelle habile à la cour de Don. »

Myv. arch. 178. 1 et 2 (habitudes de monastère de Meivod) :

        a unel iavn ratlaun *rymolir*
        a vo llary llaweu *rygyrchir*

« Celui qui agit bien on le loue, on le comble de faveurs.
— qui est gracieux et joyeux, on le recherche. »

Il y a dans ce poème une longue laisse de vers finissant en -*ir* ; les formes en -*ir* sont avec ou sans -*ry*, sans qu'aucune différence de signification puisse être relevée.

Ibid. 188. 1 :

        nid arllutyav ri *ryellir*.

« On ne peut arrêter le roi (Hywel m. Ewein). »

Ibid.   Pan gymrwy ryvel *ryboffir*
               Pan gymer glewder yd glywir.

« Quand il fait la guerre [2], on l'aime ; quand il l'entreprend on entend des prouesses. »

---

1. Celui auprès duquel se rencontrent les poètes.
2. *Cymrwy*, sur la foi de l'inévitable O. Pughe est écrit *cymhrwy* chez Silvan Evans sous prétexte que la racine est *prwy* (existant seulement dans *dirprwy*). Jamais le mot n'est écrit de cette façon. Il y a un *cymrwy*, substantif, qu'on trouve dans le L. noir. Le verbe est représenté dans Taliessin :
147. 27 :   Hutlath Vathonwy
                 Yg koet pan tyfwy
                 frwytheu nwy *kymrwy*
« La baguette enchantée de Mathonuy quand elle poussera dans les bois,

8° *ry-* AVEC L'INFINITIF, lui donne le sens du *prétérit* et aussi du *parfait*.

PROSE : *Anc. Laws* 1. 92. 36 : a theghet hy... erreemreyn ar *regueneulhur* mevel assaraet ohonau ef ydhy : « juret suam stupratimem... « (qu'elle jure) qu'il lui a causé honte et outrage. »

116. 6 : testu yr *re aduef* (leg. *adef*) ohonau. « (Quand la caution avoue au juge sa qualité de caution, alors il est juste pour le défendeur) d'attester qu'il l'a avoué (reconnu) comme tel. »

430. 20 : a thyget... y *ryvot* hwnnw yn vach idaw... « et qu'il atteste que celui-là (le mort) lui a servi de caution. »

152-25 : o dervit [1] ir amdifennur *readau* testion « si le défendeur a promis des témoins. »

146. 17... *ay reerru* en agkevreythyaul yar y briodolder « (le plaignant doit dire...) et qu'il a été chassé illégalement de sa propriété. »

Anc. Laws II 86. 9 (ms. A) : os y haulur a gymer y mach, tystet kyntaf yr kymrit mach o newyd *ar vynet* yr haul y arnau ef « si le plaignant prend la caution, que la première caution atteste qu'une caution a été prise de nouveau et que la plainte ne le concerne plus (est allée de dessus lui). »

74. 94 : a chyffroi gwybydyeit or amdiffynwr *y ryvot* dygymot am yr haul honno « (si...) et que le défendeur produise des témoins oculaires [2] prouvant qu'il y a eu accord au sujet de la plainte. »

132. 10 : my a dewedeys ve *reerru* en agkyvreythyawl odema « j'ai dit que j'aurais été expulsé illégalement d'ici. »

96. 35 : L'homme qui a tué un chien enragé doit prouver qu'il l'a vu se battre avec des chiens et des hommes, ou qu'il l'a vu ayant dévoré sa langue : *yr rywelet* yn emlad ef a chwn ac a dynyon, neu *rywelet* gwedy *ryessu* y tavawt.

---

des fruits elle donnera ou *prendra.* » Il est possible que se soit une forme rare de *cymmer.* Cf. *ibid.*, 149 22 : kat yr ae *kymrwy* kanhon « règle du combat pour qui l'engagera. »

1. Le verbe *darfod* est très employé comme auxiliaire : o *dervit readau*, équivalent à un *futur parfait* (si *promiserit*).

2. *gwybyddiad* est traduit par *évidence*, ce qui est insuffisant, comme le prouve le passage des *Lois*, cité par O. Pughe *à gwybyddiad.*

Brut y Tyw.

290. a phan gigleu Henri Vrenhin *rylad* Iorwerth, « et quand le roi apprit que Iorwerth avait été tué (ou était tué). »

105 a phan gigleu *ryfodi* y veibon « quand il apprit que ses fils étaient noyés. »

80 : gwedy *yryvot* yn crwytraw, « après qu'il eût erré » (été errant).

186. y venegi *ry darvot* idaw ef *ry lad* [1] Allectwn, « pour annoncer qu'il avait tué Allectwn. »

Hanes Gr. ab Cynan, p. 16 :

> y venegi *rylad* y orescynnwr

« Pour anoncer (à Gruffudd) que son usurpateur était tué... »

The Bruts 65 :

> a dywedut a wnaeth hitheu *y rygaru* ef eiryoet

« Et elle dit (la fille de Llyr) qu'elle l'avait toujours aimé (et qu'elle aimait encore), »

Mabinogion 93 :

> gwedy clybot *ryvarw* brenbin

« Après avoir appris que le roi était mort.. »

155 a dywedut idaw *rydarvot* llad y brein, « et il lui dit que les corbeaux étaient tués. »

159. y dywedut wrthaw *ryvot* y brein yn llad y wyr, « et il lui dit que les corbeaux *étaient en train de tuer* ses gens. »

145 : gwrysc kelyn gwedy *ryyssu* or gwarthec eu bric, « des branches de houx dont les bouts avaient été mangés par le bétail. »

Daf. ab Gwilym 2. 1 :

> Om iaith y *rhyluniaethir,*
> Air nid gwael, arnad y gwir
> Hyd yr ymdeith dyn eithaf.

---

1. *darvot llad* suffirait pour exprimer le prétérit.

« De mon langage (poétique), on ordonnera (mettra en ordre), affirmation qui n'est pas sans importance, à son sujet la vérité, aussi loin que l'homme peut aller… »

Dans les *Mabinogion*, p. 29, la forme *rygynneryw* (est arrivée) est pour le sens parfait : *cynneryw* = *cyn* + *deryw*; *cyn*-renforçait d'abord, sans doute, la valeur de *deryw* qui a déjà le sens de *est arrivé, c'est fait* (infinitif *darfod*).

Mabin. 146 : a gwedy *ryyssu* or dinewyt ymeint gwellt a oed uch eu penneu, « et les bouvillons avaient mangé tout ce qu'il y avait de paille au-dessus de leur tête. »

— a pheis o bali… wedy *ry wniaw* ac adaved gl s, « et une robe de *paile* cousue avec du fil vert. »

— llenn o pali melyn wedy *ry weniaw* a sidan glas, « et un manteau de *paile* jaune cousu avec dn fil vert.»

Cf. 148 : a gwisc ymdan y gwr o pali coch *gwedy rywniaw* a sidann melyn. Cf. sans *ry-*, p. 154, *gwedy y gwniaw.*

161 : a phan deffroes yd oed ar groen y dinawet melyn *gwedy rygyscu* ohonaw teir nos athri dieu, « et quand il se réveilla il était sur la peau de veau jaune, ayant dormi trois nuits et trois jours.

172 : ac yna adnabot a oruc y marchawe duawc *ry gaffel* dyrnawt agheuawl ohonaw, « et alors le chevalier noir reconnut qu'il avait reçu un corps mortel. »

194 : peth ryved *ryweleis* yghot : dwy oth eifyr di gwedy *ryvynet* gwylltineb yndunt a *rygolli* eu kyrn « je viens de voir ici près une chose étonnante ; deux de tes chèvres devenues sauvages et ayant perdu leurs cornes. »

207 : nyt oes namyn da arglwyd, tra vych iach di, namyn bot y iarll ae holl allu gwedy *rydisgynnu* wrth y porth, « ll n'y a rien que de bien, seigneur, tant que tu seras en bonne santé, rien sinon que le comte et toutes ses forces sont descendus à la porte.

211. yd oed gawat o eiry gwedy *ryodi* y nos gynt, « une ondée de neige était tombée la nuit précédente » (pour *gwedy ryodi*, cf. plus bas *gwedy'r odi* de Dafydd ab Gwilym : c'est une allusion au même fait. »

212 : tebygu *ry lad* Kei, « ils pensèrent que Kei était tué. »

260 : ae Edern vab Nud wyt ti ? mi, arglwyd, heb ynteu, gwedy *ry gyhwrd* a mi dirvawr ovut, « Es-tu Edern fils de Nudd ? oui, seigneur, c'est moi, dit-il, mais atteint par de très grandes souffrances. »

269 : ar heul yn tywynnu ar y gwely ar dillat gwedy *rylithraw* y ar y dwyvron ae dwyvreich, « Le soleil envoyait ses rayons sur le lit et les habits avaient glissé de dessus sa poitrine et ses bras. »

290 : a dyvot yndaw deu dolur, un ohonunt o welet Enit *wedyr golli* y lliw ae gwed « et deux douleurs le pénétrèrent : une en voyant qu'Enit avait perdu ses couleurs et sa beauté. »

Poésie. L. noir : 19. 27 :

> chuetleu a gikleu in nechreu dit
> Ryssorri Guassauc guaessaf meufit [1]

« J'ai des nouvelles au point du jour que Gwassawc a irrité le représentant de ma foi. »

Il y a peut-être un exemple de *ry-* avec l'infinitif dans ce vers de Taliessin 201. 20 :

> Am *ryaflaw* hallt am hydyrver mor.

Le sens est obscur.

Myv. arch. 269. 2 :

> ei ben yn anghrain *wedi'r greiniaw*,

« Et sa tête (au Christ sur la croix) penchée après s'être affaissée. »

144. 2 :   gnawt wedy *ryserch ryseiliaw* cas,

« D'habitude après trop d'amour la haine s'établit. »

---

1. *Gwassawc* pourrait être un nom commun, mais il est à peu près sûr ici que c'est un nom propre : cf. *ibid.*, 19. 16 : oef kas gan gwassauc guaessaf Rydirch.

Dafydd ab Gwilym 19 :

> gwaed yr edn *gwedi 'r odi*

« Et au sang de l'oiseau après qu'il eût neigé » (ses joues étaient semblables).

Iolo *Goch* 347. 30 :

> a'r ddayar *weddi 'r dduaw*,

« Et la terre couverte de ténèbres. »

Pour d'autres exemples avec *ry-*, v. *formes et construction.*

En résumé, l'infinitif avec *ry-* peut avoir la valeur du *présent secondaire*, du *prétérit primaire et secondaire*, du *parfait*, d'un *participe passé* et même (cf. *ryseiliaw* cas) d'un présent habituel sans distinction de temps.

GALLOIS MODERNE

La particule *ry-* d'un emploi déjà très restreint dès le XIVe siècle, disparaît à peu près aux siècles suivants.

Les grammaires du XVIe siècle de Griffith Roberts et de J.-D. Rhys n'en disent rien.

Celle de *Edeyrn Davod aur* ou plutôt de *William ab Ithel* [1], car les passages concernant cette particule sont entièrement du compilateur, après quelques remarques judicieuses sur le sens et l'emploi de *ry-* (v. ci-dessus, t. XXIX, p. 1), soutient que la particule *-yr, y* n'est autre chose que la particule *ry-* renversée (v. plus bas, *particule yr, y*). Richards y voit une abréviation du verbe *gwrug* ! (v. ci-dessus, t. XXIX, p. 7).

Les grammaires modernes de Rowlands, tout dernièrement d'Anwyl, sont muettes sur ce sujet.

Consultons l'usage.

Il faut d'abord écarter les recueils de proverbes. La *Sagesse des nations* puise, comme on le sait, à toutes les sources et s'inquiète peu des époques. Le *Oll synwyr pen kambero ygyd*

---

1. Sur cette compilation, v. J. Loth, *Métrique gall.*, I, p. 12 et suiv.

(Toute la sagesse de la tête d'un gallois réunie) de Salesbury (1546) réédité par Gwenogfryn Evans en 1902, nous
donne naturellement quelques exemples de *ry-*, archaïques [1].

> a *ryborth* y gath porthet lygot.

« Qui nourrit le chat, qu'il nourrisse les souris. »

> *rygas rywelir*

« Trop de haine se voit. »

> y neb *ae ryvostio* e hun, a baw y coroner.

« Qui se vantera lui-même, qu'on le couronne de boue. »
Il est très possible qu'ici *ry* ait le sens intensif : « Qui se
vantera *trop*... » En revanche, la préface de Salesbury, en gallois, ne contient pas un seul exemple de *ry-* ; il y en a, naturellement, comme à toute époque, de l'emploi de la formule
ar a, *or a* dont nous aurons à nous occuper plus bas.

Ni les œuvres de Morgan Llwyd (*Llyfr y tri aderyn*, 1653 ;
cf. ses œuvres éditées en 1899), ni la poésie, ni la prose,
depuis le xviie siècle jusqu'à nos jours, ne nous donnent, à
ma connaissance, d'exemple de *ry-* (un ou deux exemples
discutables).

B

CORNIQUE MOYEN

1° *Re* AVEC LE PRÉTÉRIT PRIMAIRE.

CORNISH DRAMAS : O. M. (*Origo Mundi*) :

87 : Ty *rum gruk* pur haval thys,

« Tu m'as fait tout semblable à toi. »

249 : Ogh tru, tru, ny *re behas*
ha *redorras* an dyfen ;
a debel venyn heb ras
ty *rum tollas* sur hep ken.

1. On y trouve des aphorismes du *Livre Noir*.

. . . .
　　　y wor the wyr: Dev an tas
　　　re sorras dre wyth benen.

« Hélas, chose lamentable, nous avons péché et enfreint la
défense; ô méchante femme sans grâce, tu m'as trompé sûrement sans raison. . . . . Je le sais vraiment, Dieu le père est
irrité par l'œuvre d'une femme. »

　　281 :　　　　　　Ty *re gamwruk* eredy
　　　　　　　　　　ha *ren dros* the vur anken

« Tu as mal agi et l'a amené (ton mari) à une grande
ángoisse (quand tu lui as fait manger du fruit de l'arbre). »

　　386 :　　　　　　an sarf *re ruk ov tholla*,

« Le serpent m'a trompé (ma tromperie, *mon tromper a
fait*). »

　　420 :　　　　　　gvlan ef *re gollas* an plas

« Complètement il a perdu la place. »

　　424 :　　　　　　pan wruge dres ov dyfen
　　　　　　　　　　fest yn tyn ef *rum sorras*

« Lorsqu'il a agi contre ma défense, gravement il m'a
irrité. »

　　487 :　　　　　　my *re bredyrys* gul prat

« J'ai songé à un artifice. »

　　564 :　　　　　　heyl syr arluth Lucifer,
　　　　　　　　　　my *re gerhas* thys the dre
　　　　　　　　　　mab Adam.

« Salut, seigneur Lucifer, voici que j'ai été te chercher le
fils d'Adam. »

　　852 :　　　　　　fest pel my *ren servias* ef

« Bien longtemps je l'ai servi. »

　　1087 :　　　　　agan gorhel *re nygyas*

« Notre vaisseau a flotté. »

1143 :   nys guelaf ov treuyge
                hy re gafas dyhogel
                dor dyseghys yn nep le

« Je ne la vois pas voler ; elle a trouvé sûrement quelque part un terrain desséché. »

1954 :   my *re welas* ym hunrus
                athyragof el dyblan.

« J'ai vu en songe, devant moi, un ange brillant. »

2243 :   yn ketella ty *re wruk*
                ha theworth Urry *rethuk*
                y un wrek

« C'est ainsi que toi tu as fait, et tu as enlevé à Uri son unique femme. »

2345 :   my *re vewas* termyn hyr.

« J'ai vécu un long temps. »

2429 :   Ov arluth ker *my rebue*
                yn cyte fast *ov kelwel*
                the vysterndens.

« Mon cher seigneur, j'ai été dans la cité appeler d'une façon pressante tes architectes (j'ai été appelant). »

2569 :   my *re wruk* y vusure

« Je l'ai mesuré. »

2825 :   a tus vas, why *re welas*
                fetel formyas Dev an tas
                nef ha nor

« Eh bonnes gens, vous avez vu (vous venez de voir : c'est à la fin de la représentation) comment Dieu le père a formé le ciel et la terre. »

Cf. dans le même drame : 288, 347, 920, 1863, 2073, 2136, 2336.

P. D. (*Passio Domini*) :

149 :   han meystri bras ol ambo
                     my *ren collas* quyt dretho

« Et toute la grande souveraineté que j'avais, je l'ai entièrement perdue par lui. »

154 :   *re fethas* an fals ievan
                     hythyv ter gwyth,

« Il a vaincu le diable perfide aujourd'hui trois fois. »

167 :   the das ker.....
                     ren danvonas theth servye

« Ton père chéri nous a envoyés pour te servir. »

363 :   ... Ihesu an guas prout
                     re wruk re maystry yn dre
                     hagh ef thyn *re leverys*

« ... Jésus, l'orgueilleux, a fait trop le maître dans la
ville, et nous a dit. »

376 :   ef *re thyswrug* an marhas

« Il a détruit le marché. »

520 :   homma gans daggrow keffrys
                     res golhas [1] yn surredy

« Celle-ci, en versant des larmes, les a lavés (les pieds du
Christ) sûrement. »

526 :   ham pen ol hy *rum uras*

« Et toute la tête elle m'a oint. »

551 :   the fay *rewruk* the sawye
« Ta foi t'a sauvé. »

737 :   onan ahanough haneth
                     rum guerthas thom yskerens

« Un de vous ce soir m'a vendu à mes ennemis. »

---

1. Le texte porte *res holhas*.

759 :   ty *ren leverys* Iudas

« Tu l'as dit, Judas. »

1027 :   ow colon *re seth* yn claf
            ow clevas the lavarow

« Mon cœur est devenu (allé) malade en entendant tes propos. »

1107 :   ty *re duth* sur
            rag ow guerthe

« Tu es venu sûrement pour me vendre. »

1171 :   Why *re thueth* thym gans arvow

« Vous êtes venu à moi avec des armes. »

1246 :   ple *re seth* the thyskyblon

« Où sont allés tes disciples? »

1325 :   del yw, ty *ren leverys*

« Comme c'est, tu l'as dit. »

1493 :   why *re leverys* ow bos

« Vous avez dit que je le suis (fils de Dieu). »

1518 :   rag ow querthe Crist thywhy
            me *re peghas* marthys mur
            . . . .
            ye, mar vur me *re peghas*
            ow querthe Crist,

« Car en vous vendant le Christ, j'ai péché d'une façon étonnamment grande; oui, si grandement j'ai péché en vendant le Christ... »

1648 :   Cayphas *re hyrghys* thywhy
            a thos the Ierusalem

« Caïphe vous a demandé (c'est le messager qui parle) de venir à Jérusalem. »

1811 :   me *ren cussullyas* myl wyth

« Je l'ai conseillé mille fois. »

1852 :   Why *re thros* thym an den ma

« Vous m'avez amené cet homme. »

2191 :   rak henna *neb am guerthas*
                  mur the voy ef *re peghas*

« A cause de cela, celui qui m'a vendu, d'autant plus grandement a péché. »

2253 :   rum fey, Pilat *re sorras*

« Par ma foi, Pilat est fâché. »

3041 :   ogh my *rebue* boghes coynt

« Hélas, j'ai été peu malin. »

Cf. : 380, 718, 746, 803, 884, 1095, 1100, 1262, 1342, 1402, 1505, 1585, 1686, 1701, 1723, 1843, 1995, 2019, 2034, 2204, 2424, 2508, 2609, 2618, 2692, 2695, 2992, 3091, 3108.

R. D. (*Resurrectio Domini*) :

174 :   *ty re glewas* agan lef

« Tu as entendu notre voix. »

473 :   me *re thueth* theth confortye,

« Je suis venu pour te réconforter. »

511 :   mey fe, me *re goskas* pos
                 ha *rum kemeras* drok glos

« Ma foi, j'ai dormi d'un sommeil lourd, et une vive douleur m'a pris. »

1026 :   ef *re thassorghas* hythyv

« Il est ressuscité aujourd'hui. »

1272 :   lemmyn ef *re thassorhas*

« Maintenant il est ressuscité. »

1280 :   Dasserhy sur ef *a wruk*
                ha mur a peynys *re thuk*

« Il est sûrement ressuscité (ressusciter il a fait) et beaucoup
de peines il a supportées. »

1645 :   an emprour *rem danvonas*

« L'empereur m'a envoyé. »

2505 :   henna a Edom *re thueth*

« Celui-là d'Edom est venu. »

2620 :   lemmyn thys me *re deue*

« Maintenant, à toi je suis venu. »

2628 :   ty *refue* fest lafur bras

« Tu as eu (à toi fut) beaucoup de tribulations. »

2631 :   a tus vas, why *re welas*
                a thasserghyens Cryst del fue

« Bonnes gens, vous avez vu (vous venez de voir) en ce qui
concerne la résurrection du Christ, comment elle a eu lieu. »

Cf. 157, 399, 523, 721, 789, 1040, 1044, 1097, 1231,
1536, 1569, 1840, 2092, 2211, 2271, 2488, 2517, 2622.

Pascon : 48. 3 :

                rag an termyn *re deve*

« Car le terme est venu. »

101. 1 :   y meth Crist an kueff colon
                pur wyr *te releverys*

« Dit le Christ, au tendre cœur : tu as dit la pure vérité. »

101. 4 :   pyth yw en drok *rewrussys*

« Quel est le mal que tu as fait ? »

101. 4 :   gwyr *re gewsys*

« Tu as dit vrai. »

92. 2 : y *reï flamyas*

« Ils t'ont blâmé. »

Cf. : 72. 2 ; 104. 2 ; 123. 4 ; 115. 2 ; 80. 3 ; 245. 3 ; 246. 2, 3 ; 192. 4.

Il n'est pas inutile de remarquer que *Pascon* est surtout narratif : c'est un exposé de la Passion.

B. M. (*Bevnans Meriasek*) :

212 : lemmyn grace an spyrys sans
re *woloways* ov skyans

« Maintenant la grâce du Saint-Esprit a éclairé mon esprit. »

234 : me *redeth* omma defry

« Je suis venu ici assurément. »

364 : ty *rum gruk* vy morethek

« Tu m'as rendu (fait) triste. »

1038 : ny *ren welas* sur heb wov

« Nous l'avons vu sûrement, sans mentir. »

1067 : omma me *re poweseys*

« Ici, je me suis reposé. »

1094 : au men *re ruk* inclynya

« La pierre pencha (pencher fit). »

1118 : lues den eff *re lathays*.

« Beaucoup de gens, lui il a tués. »

1364 : me *revue* ree cruel

« J'ai été trop cruel. »

1580 : molothov me *rumbue*

« Des malédictions, moi j'ai eues. »

1587 : moy me *reruk* kuntel

« J'en ai rassemblé davantage. »

623 :   in Kernow ...
                 theth desyr ty *redufa*

« En Cornwall, suivant ton désir, tu es arrivé. »

3848 :   Christ thym *re dros* ov skyans

« Le Christ m'a ramené mon esprit. »

2156 :   ran in kerth *reruk* feya

« Une partie d'entre eux s'est enfuie. »

Cf. 730, 802, 990, 1167, 1304, 1432, 1495, 1568, 1583, 1590, 2375, 3570, 2240, 3056, 3102, 3818, 527, 2700, 2899, 3995, 650, 1930, 3428, 2229, 1847, 2143, 2265.

Gwreans an bys (commencement du XVIIe siècle) :

852 :   ogh ogh, trew, ny *re behas*   :
                 ha *re dorras* an dyfen

« Hélas, hélas, triste chose, nous avons péché et enfreint la défense. »

855 :   ty *ram tullas* ve

« Tu m'as trompé. »

1119 :   te *rom lathas*

« Tu m'as tué (dit Abel au moment où il est frappé). »

2135 :   eave *regollas* der avall
                 an place gloryous

« Il a perdu par une pomme la place glorieuse. »

2213 :   rag cola orth udn venyn
                 glane ef *regollas* an place

« Pour avoir écouté une femme, il a complètement perdu la place. »

Cf. 1201, 2006. Ce sont les seuls exemples que j'aie rencontrés dans ce drame.

Si, régulièrement, *re* avec le prétérit a la valeur de notre passé indéfini français et indique aussi une action à son

point terminal au moment où on se place, sa présence pour
cette signification n'est pas toujours nécessaire :

P. D. 1723 : y vos ef *re leverys*

« Il a dit qu'il l'était. »

1723 :   ef *a leverys* yn weth

« Il a dit aussi. »

2000 :   guyr a *leversys* certan

« Tu as dit certainement la visite. »

2804 :   an pyth a *scrifys* scrifis

« Ce que j'ai écrit, je l'ai écrit (est écrit). »

R. D. 1840 : an corf hepar

              ef *re thyswruk*

« Le corps sans pareil, lui l'a détruit. »

1974 :   rak an harlot a *thyswruk*
                an keth map ol *agan gruk*

« Car le fripon a détruit le même Fils qui nous a tous
faits. »

2488 :   Pyv henna...
                re thueth mer uskys...

« Quel est celui qui est venu si vite... »

2499 :   pyv a *thueth* an beys yn ruth

« Qui est venu du monde en rouge. »

Pascon : 48. 3 :

                an termyn *re deve*

« Le terme est venu. »

75. 3 :   lemmyn *deve* ken termyn

« Mais un autre terme est venu. »

2° *Re* AVEC LE PLUS-QUE-PARFAIT :

Pascon :

47. 4 :   bos Iudas ef a wo3ye pur hager ha molo3ek
        an Ioul ynno *re drecse*

« Il savait que Judas était très vilain et maudit ; le diable en lui avait habité. »

86. 3 :   Pedyr sur a omdennas yn urna *del rebeghse*

« Pierre se retire à cette heure où il avait péché... »

180. 4 : lemyn an tol *rewrussens* y a vynne 3e servye.

« Mais le trou qu'ils avaient fait, ils voulaient qu'il servît. »

185. 2 : y pesys rag an keth re *ren crowse*

« Il pria pour les mêmes gens qui l'avaient crucifié. »

204. 2 : I beyn o mar greff ha tyn caman ny ylly bewe
        heb dascor y eneff gwyn ; bytqueth yn lan *revewse*

« Sa peine était si forte et dure qu'il ne pouvait du tout vivre sans rendre son âme blanche : toujours il avait vécu purement. »

220. 1 : eddrek mur an kemeras rag an ober *rewresse,*

« Grand repentir le prit de l'œuvre qu'il avait faite. »

254. 4 : scruth own mur as kemeras
        rag an marthus *re welsens*

« Un grand accès de peur les prit, à cause du miracle qu'ils avaient vu. »

Il y a à relever dans *Pascon* un emploi particulier de *bea, bye* avec *re*. Habituellement *bye* (*bea, bya, byea*), qui répond au breton *bihe*, n'a que le sens du conditionnel présent. Avec *re*, il a nettement le sens du plus-que-parfait :

71. 4 :   maga tek del *rebye*

« Aussi belle qu'elle l'avait été (l'oreille de Malchus). »

187. 2 :   Pylat a vynnas scrife

. . . .

praga dampnys *rebee*

« Pilate voulut écrire pourquoi il avait été condamné. »

214. 2 :   bytqueth dremas *rebee*

« Il avait toujours été un homme de bien. »

217. 2 :   ef *rebea* den a brys

« Il avait été homme d'importance. »

A la vérité, *bye* seul a aussi parfois cette valeur :

86. 4 :   hag ef guarnyys *del vye*,

« Et lui (Pierre) averti comme il l'avait été. »

130. 1 :   whare y an dystryppyas
                    mar noyth genys del *vye*,

« Ils le dépouillèrent, aussi nu que lorsqu'il était né. »

151. 2 :   haccra mernans byth ordnys
                    ȝe creatur ny *vye*

« Plus laide mort n'avait jamais été ordonnée à une créature humaine. »

161. 3 :   gans y fam y *fye* guris

« Par sa mère elle avait été faite (la robe). »

176. 4 :   whath bytqueth claff ny *vee*
                    vylle ys dello dyskis (dightys).

« Jamais encore malade n'avait été traité plus odieusement qu'il ne l'était. »

245. 2 :   ha ȝeȝe a leverys
                    a Ihesus fatell *vye*

« Et il leur dit au sujet de Jésus comment les choses s'étaient passées. »

3° *Re* AVEC LE SUBJONCTIF DANS LE SENS DE L'OPTATIF.

CORN. DR. : O. M. :

583 :   ffrut da byner *re thokko*

« Puisse-t-il ne jamais porter de bons fruits ! »

667 :   yn della thyn *re wharfo*

« Ainsi puisse-t-il nous arriver ! »

1187 :   y gras *re thanvono* thyn

« Puisse-t-il nous envoyer sa grâce. »

1723 :   banneth an tas *ragas bo*
                 hag ef prest *ragas gvytho*

. . . .

                 hay gras theugwhy *re wranntyo*

« Puissiez-vous avoir les bénédictions du Père, et que lui vous protège promptement ; et qu'il vous accorde sa grâce. »

1978 :   ejus atque spiritus
                 re worro wyth am ene

« Et que son Esprit veille sur mon âme (mette une garde…). »

2370 :   pesyn rag y ene
                 may fo Dev luen a byte
                 ren kyrho thotho thy wleth

« Et prions pour son âme que ce soit Dieu plein de pitié qui aille le chercher (pour l'amener) à lui, à son festin [1]. »

2527 :   an jawl *reth ewno* thy glos

« Que le diable t'ajuste à son estomac. »

---

1. Comme dans les poèmes en gallois moyen, *gwledd* indique souvent le ciel, le *banquet céleste*. Norris a fait un contre-sens sur ce mot.

P. D. : 685 : ... an tas mer

> *reth ordane* ty hath wrek
> pan vy marow, yn y cuer

« Le Père grand puisse-t-il te désigner toi et ta femme, quand tu mourras, pour sa cour. »

1919 :   *re dorrow* mellow y gyn :

« Qu'il se brise l'épine dorsale. »

1847 :   Synt Iovyn whek *ren carro*
ha dres pup ol *ren gorthyo*

« Que le doux saint Jove l'aime et l'honore par dessus tous. »

2502 :   mar tue venians vyth ragtho
warnan ny ef *re gotho*

« Si la vengeance vient jamais à cause de lui, qu'elle tombe sur nous ! »

3016 :   Synt Iovyn whek *reth caro*

« Que le doux saint Jove t'aime. »

R. D. : 2189 : an ioul *ren dogo* thy pleth

« Que le diable l'emporte à sa demeure. »

2277 :   *ren kergho* an dewolow

« Que les diables allent le chercher. »

Pascon : 2. 2 :

> ... why a bys a leun golon
> *Re wronte* ʒeugh gras ha whans
> ʒe wolsowas y basconn.

« ... vous prierez de tout cœur qu'il vous accorde grâce et désir d'écouter sa passion. »

B. M. : 1834 : neb a vyrwys in grous pren

> *re gronntya* dyso lemen
> ..... luen yeheys

« Que celui qui est mort sur la croix de bois t'accorde maintenant... pleine santé. »

1077 : Du *rewythe* orth damach
 agis lester

« Que Dieu garde de dommage votre barque. »

4227 : Ihesu yv agen savyur
 retrehava the war lur
 Maria *reth weresa*
 ha *re grontya,*
 y both mar pea,
 ʒehes thyso in torma

« Que Jésus qui est notre sauveur te relève de terre ; que Marie te protège et t'accorde, si c'était l'effet de sa volonté, cette fois la santé. »

558 : Crist Ihesu dys *rentala*

« Que le Christ Jésus te le rende (paye). »

Cf. 755, 1097.

701 : yehes dywy *re grontya*

« Qu'il nous accorde la santé. »

740 : arluth neff *reth weresa*

« Que le Seigneur du ciel te sauve. »

1076 : *Dorsona* dyugh

« Que Dieu vous bénisse. »

1099 : Ihesu *rum gedya* in forth wella

« Que Jésus me guide dans la meilleure voie. »

1268 : an ioul *respela*

« Que le diable t'écorche. »

1337 : Ihesu *regen gueresa*

« Que Jésus nous sauve. »

3746 :   myscheff *regis doga*

« Que le malheur vous emporte. »

Re, dans ce sens, est surtout employé avec le verbe substantif dans le sens d'*être* et, avec pronom infixe, dans le sens d'*avoir*.

Verbe substantif : 2ᵉ pers. sg. *re by*, « puisses-tu être » (O. M. 1795, 2023, 2786; P. D. 35, 149, 817, 2703; P. D. 1557, 1743, 2523; Gwreans 1158 [1], B. M. 672).

— 3ᵉ pers. sg. : *re bo* (O. M. 1745, 1979, 2075; P. D. 223, 1051, 1072, 1803; R. D. 152, 485, 817, 1579, 2417; Gwreans 955, 1330, 1394, 1419, 1911, 2122, 2471, 2532; B. M. 556, 782, 1066, 1261).

Verbe substantif avec pronom infixe dans le sens d'*avoir* :

Sg. 1ʳᵉ *pers.*   crog *rom bo* er an thewen

« Que je sois pendu par les deux joues (pendaison soit à moi). »

2ᵉ *pers. reth fo* (O. M. 459, 2265, 2822; P. D. 947, 267, 2097, 2247, 2727; R. D. 79, 167).

3ᵉ *pers. masc.* R. D. 2085 :

> vyngens *rengeffo*, amen
> ha drok thyweyth

« Qu'il ait vengeance (que la vengeance l'atteigne), amen, et mauvaise fin. »

B. M. 1277 : neb na vo *rengeffo* crok

« Que celui qui n'est pas (prêt) ait la hart. »

Plur. 2ᵉ *pers.* :

reges, ragas bo (puissiez-vous avoir, puisse être à vous) (O. M. 1723, 2585; P. D. 265; R. D. 1285).

Resbo, P. D. 2322, 1125.

---

1. *Re* avec l'optatif ne se trouve *Gwreans* qu'avec le verbe substantif.

3ᵉ pers. Pascon 216. 1 :

> En Eʒewon... *resteffo* mur vylyny

« Les Juifs... puissent-ils avoir grande confusion. »

4° *Re* AVEC LE PRÉSENT (OU LE FUTUR) : sens de la possibilité. O. M. 366 :

> Ow holen gvak dyvotter
> *rum kymmer* hag awel bos

« Mon estomac étant vide, dénûment peut me prendre
(pourrait bien me prendre) et désir de nourriture. »

CORNIQUE MODERNE

Comme nous l'avons vu (t. XXXIX, page 7 ; Arch. p. 231,
col. 2, 16), Lhwyd croit que la particule *ry* ou *re* préfixée aux
temps du passé n'est que le verbe *rig* pour *grig* (*did*) abrégé.
Régulièrement en effet, *rug* pour *gruk* (*wrug, gwruk*) est
devenu en cornique moderne *rig*, mas l'*i* ici est long. Il n'en
est pas de même pour *ry* ou *re* particule dont la voyelle est *ö*
bref. De plus, l'effet produit sur la consonne initiale suivante
n'est pas le même. Avec la particule *re* on a changement des
sourdes en sonores, et des explosives sonores en spirantes,
tandis qu'avec *rig* la consonne suivante est intacte.

Lhwyd a appliqué malencontreusement ces théories dans sa
préface en cornique. Il a même sans s'en douter violé les
règles de la syntaxe dans sa *Grammaire,* p. 242-2 : *ty rig golla
worty* « tu l'as écoutée ». Il a écrit *rig* quand il fallait *ry-* ; en
effet, le verbe est *cola* (gallois *coelio*) qui avec *ry-rę* devient bien
gola, mais qui eût conservé sa sourde si on avait eu *rig* (*grig*).

La particule *re* n'existe plus guère en cornique moderne
qu'avec le subjonctif dans le sens optatif :

Les dix commandements de Dieu (Revue Celtique, 1903,
p. 6-10) : *Andelarabo* = *an del na ra bo*, puisse-t-il en être de
cette façon (qu'il en soit ainsi, *amen*).

John Chey an ur (Lhwyd, *Arch.,* p. 251 ; 253. 1. 44).
da dęw *robo* gorzèhez.

Pryce, *Arch.* : *mottoes* :

> Gorthys *re vo* Dew an tâz

« adoré soit Dieu le Père. »

> The voth *revo* collenwus

« Que ta volonté soit accomplie ».

Pryce (Things occurring in common discourse) :

> Durdala (*Dew re dala*) the why

« Dieu vous le rendra. »

Borde : *Dialogue* (*Archiv. für celt. Lexic.*, I, p. 225-228).

> *Durzona* dewhi, mathtath.

« Dieu vous bénisse, servante. »

> *Durdala* dewhy, syre.

« Dieu vous le rende, monsieur. »

> Dew *rebera* nos da dewhy.

« Dieu vous donne une bonne nuit. »

Dew *re thenenna* theewhy fare eta « Dieu vous envoie un bon voyage. »

BRETON ARMORICAIN

VIEUX BRETON

1°. *Prétérit primaire* : *rogulipias* gl. olivavit (gl. de Luxembourg) — *roluncas* gl. gutturic*avit* (Gl. Lux).

2° *prétérit secondaire* (cond. passé) :

roricse[*n*]*ti* gl. sulcavissent (gl. *Lux*.); à décomposer en *roric-s- ent- i* : *i* étant *nota augens* de la 3ᵉ pers. du plur. C'est un prét. second. en *s* d'un verbe tiré de *rec* gl. sulco (Gl. Lux.) : cf. vannetais *rec*. moyen-bret. *reguenn* raie (Ernault, *Glossaire-moyen-bret.*).

BRETON-MOYEN ET MODERNE

Cette particule n'est employée que dans les formules optatives. La forme léonarde est *ra*, évoluée de *ro*, non accentuée (cf. *da = do*), en vannetais *re* (*rö* avec *ö* bref).

Elle est le plus souvent employée avec le subjonctif présent (futur) ou avec le conditionnel — potentiel, particulièrement dans les constructions avec le verbe substantif : *Doue ra vo meulet*, « Dieu soit loué. »

Doue ra *ve* meulet. Cf. moyen-breton :

Duet mat *ravizi* Nonita, « Sois la bienvenue, Nonne ; »

Duet mat..... *ra bihet*, « Soyez les bienvenus. »   :

Mais on a, Duet mat *ra vech* [1], dans le même Grand mystère de Jésus (Gr. Celtica, p. 424). Le sens est le même en somme ; mais avec le subj.-futur, le désir a dû avoir un sens plus pressant, plus immédiat : il se rapporte au moment présent ou immédiatement futur ; avec *be, bec'h*, primitivement tout au moins, le moment est peut-être moins précis et surtout le souhait moins impérieux (*ra vo*, je veux qu'il soit ; *ra ve*, je désirerais qu'il fût ou soit).

Ra est, en réalité, assez peu usité à d'autres temps.

Hingant (Éléments de grammaire bretonne) donne comme exemple de ses emplois (p. 84) :

Mirout, garder :

Subj. présent

Ra virin, que je garde ; *ra-viro*, qu'il garde.

---

1. Les formes du verbe substantif *ben, bez, be, bemp, bec'h, bent*, employées aussi dans la plupart des dialectes comme formes du présent d'habitude (*pa ven o labourat* quand je suis en train de travailler), sont employés dans des propositions subordonnées au sens conditionnel.

Bihet, vannet. *behet*, ou dialectalement *befet* sont des futurs (v. J. Loth, glossaire. *Chrest.*). Les formes *ben* ont le même emploi en cornique. En gallois *bei* a joué un rôle analogue.

Imp. du subj.

Ra virfenn, que je gardasse, ou *ra virzenn* ou *ra virjenn*.

Parf. du subj.

Ram ou *rem bézo miret*, que j'aie gardé.

Plus-que-p. du subj.

Ram ou *rem befé* (ou *bize*, ou *bige*) *miret*, que j'eusse gardé.

Le moyen-breton ne donne guère *ra* qu'avec le subjonctif et parfois le conditionnel dont je viens de parler.

Exemples avec pronom infixe.

sg. 1ᵉ pers. : Crouc *ram dougo*, la hart m'enlève (s. Barbe 291).

Doue *ram pardono*, Dieu me pardonne (Buhez Nonn. 200. 19 : Je cite d'après la Gr. Celt.).

2ᵉ pers. : Doe *raz remedo*, Dieu te guérisse (ibid., 194. 2).

3ᵉ pers. : Bennoez roen tron *ren preservo* (ibid., 200. 16), Que la bénédiction du roi du trône le préserve.

Plur. 1ᵉ pers. Hoz peuch *ronbezo*, Puissions-nous avoir votre paix (M. J. 50 a).

2ᵉ pers. Doe *roz miro* (Bul. 114, 14).

. *Ra* est assez souvent remplacé par *da*, par exemple dans les variantes du Grand mystère de Jésus, et aujourd'hui dans l'usage : *Doue d'en pardono*, Que Dieu lui pardonne.

Dans l'expression *quentre caras* des *Nouelou aneïen* (Revue Celt. 1890, strophe 177), qui a le sens de *aussitôt qu'il lui plut*, M. Ernault (*Glossaire moy.-bret.*, II, p. 537) a vu un reste d'usage de *ro-* avec le prétérit, et l'analyse en *kent-recaras*.

C'est peu probable à priori ; de plus, on attendrait *ra* ; enfin, il faudrait l'affaiblissement des sourdes en sonores si on avait affaire à *ro-*.

§ 2. VALEUR DE LA PARTICULE VERBALE *RO-*.

Les divers emplois de *ro-* en brittonique se ramènent aux chefs suivants.

I. *Ro-* apparaît avec le prétérit primaire en gallois, cornique moyen et vieux-breton. Il a deux valeurs principales :

1° il constate un fait passé par rapport au moment où on parle ou même un fait antérieur à un moment du passé ou toute autre antériorité temporelle relative.

2° il indique un état actuel reposant sur un fait antérieur, ou même une action commencée dans le passé et se prolongeant dans le présent (p. 13 *neur golles* y mab. ; p. 19 vyg *callon neur dorres* [1] ; *ibid. neur digereis* a garaf ; cf. cornique, t. XXIX, p. 13 : *Deu re sorres* ; p. 9 : *re thassorhas*).

Ces différents sens sont souvent précisés par un adverbe ou une locution. Pour le sens d'*antériorité*, on a pu remarquer p. 10, 11, 12 *re dywedassam* ni *uchot*.

Ces deux usages principaux sont mis en pleine lumière dans la construction de *ry*, avec l'infinitif qui est propre au gallois moyen. Il n'y a aucun doute que cette construction ne soit une imitation de la construction de *ry-* avec l'indicatif [2] et qu'elle ne la reflète exactement à cette époque. L'antériorité soit par rapport au présent, soit par rapport à tout autre moment y est indiquée souvent par *gwedy*, après.

Le sens du parfait est renforcé par *eiryoet* dans : a dywedut a wnaeth hitheu *y rygaru* ef eiryoet (p. 65) : cf. *Llawer dyd yth rygereis* (p. 13) : Cf. latin *jamdudum loquor*, grec πολὺν χρόνον ταῦτα ποιῶ.

A noter aussi en gallois l'emploi de *ry-* avec le prétérit dans le sens de l'aoriste gnomique (p. 24-25 : *ny rygolles.....*).

Nous avons vu qu'en un certain nombre de cas, en moyen-gallois, le prétérit sans *ry-* peut avoir la même valeur.

---

1. Cf. plus haut, t. XXIX, p. 13 : *neur gavas ej enw*, il a maintenant un nom (il vient immédiatement de l'avoir) ; p. 12 : *neur dihegis*, il a échappé, il est parti.

2. Thurneysen, *Die verbalpartikel ro*, p. 52, 60 et suiv. (K. 17, 1904), — Strachan, *Action and time in the irish verbe*, p. 2.

Mais ce qui est frappant, c'est qu'en *aucun cas*, en gallois aussi bien qu'en cornique, le prétérit avec *ro- n'est purement narratif* : on remarquera que j'ai dû partout traduire ce prétérit par le *passé indéfini français* (*j'ai fait, j'ai dit*).

II. Le conjonctif, en gallois, avec *ro-* indique un fait *relativement* antécédant et se traduirait, en français, par un futur antérieur ou parfait, ou un parfait du subjonctif.

Sans *ro-*, il peut avoir cette valeur ; avec *ro-* il n'en a pas d'autre [1].

III. L'imparfait avec *ro-* en gallois a parfois la valeur d'un plus-que-parfait (t. XXIX, p. 32, 35 [2]).

Dans le plus grand nombre des cas, *ry*, avec l'imparfait, n'a aucune valeur apparente.

IV. *Ro-*, avec le futur, en gallois, n'a pas, en général, de valeur *apparente*. Cependant les formes impersonnelles en *-ir* qui ont souvent le sens du futur, marquent parfois, avec *ry-*, la *possibilité* (cf. t. XXIX, p. 53, 56).

Les deux sens de futur et de possibilité sont très voisins.

---

1. Le subjonctif, en gallois, confond le subjonctif tiré du thème du présent et le subjonctif en *-s-*.

Ce dernier manifeste sa présence par le maintien des explosives sourdes et l'assourdissement de la spirante sonore : *cotho* ou *cothwy* du verbe *coddi*, irriter, suppose *coḋ-h-o = côdə-s-*.

2. L'imparfait, au sens du conditionnel, a fréquemment le sens du plus-que-parfait dans des propositions conditionnelles, aussi bien dans les prépositions principales que dans les subordonnées.

Parfois, avec la négation, c'est une sorte de plus-que-parfait irréel en proposition indépendante (Gr. Celt [2], p. 933, 934).

L'exemple de *ysgarhei* est plus significatif car il s'agit de l'indicatif. Or, *ysgarhei* (comme *atei* dans *ry-atei*) répond aux temps secondaires en *-hei*, *hę* du moyen breton et *e-hei* du vannetais. Ce temps est une forme secondaire de l'aoriste en *-s-* : le moyen-breton *petei = ped-hei*, comme *marfei = marv-hei*.

En gallois comme en breton, dialectalement, ce temps est caractérisé par la conservation des explosives sourdes : cf. t. XXIX, note 1 de la page 28.

L'imparfait, en gallois, est descriptif et conserve bien son caractère de temps formé du présent : il est synchronique parfois avec des présents habituels : *Mabinog.* (éd. Rhys-Evans, p. 8) val y bydant yn eisted, wynt a welynt ; cf. p. 1 : val y byd... ef a glywei.

V. *Ro* avec le plus-que-parfait a pu indiquer une antériorité relative. De fait il semble bien dans quelques exemples que *ry* ait cette valeur, notamment dans un passage des Mabinogion (p. 7, l. 22 et suiv.) cité par Zimmer (K.Z. XXXVI, p. 536, note 1) : Pwyll après une année d'absence s'adresse aux grands du pays :

A dechreu amovyn a gwyrda y wlat beth *vuassei* y arglwydiaeth ef arnadunt hwy y vlwydyn hono ywrth *ryvuassei kynno hynny* « il se mit à demander aux nobles du pays ce qu'avait été son gouvernement sur eux cette année-là (celle qui vient de s'écouler) en comparaison de ce qu'il avait été avant cela. »

Néanmoins, comme je l'ai dit t. XXIX, p. 38, *ry* dans la plupart des exemples n'ajoute rien à la valeur du plus-queparfait et ne fait qu'accentuer l'idée d'antériorité dans le passé.

L'emploi de *ro* avec le plus-que-parfait est sûrement ancien puisqu'on le trouve dans une glose galloise (*di-r-gatisse*) et une glose bretonne (*ro-ricsent-i*).

VI. *Ro-*, avec le subjonctif, en gallois, cornique et breton, a le sens de *l'optatif*.

A la première personne du pluriel, dans un exemple, il a, en gallois, le sens du subjonctif de volition :

Ry drychafom... Croes Crist. « Élevons... la croix du Christ. » (*Myv. Arch.*, 179. 2).

Dans un autre, à la 2ᵉ pers. du singulier, il a un sens analogue :

Direidyon dynyon *ny rydoniych*[1], dat (v. t. XXIX, p. 46).

Cf. ibid. p. 46 :

Or drun ry loveist *ry lavaruyf.*

« Je veux parler de... »

Dans deux exemples, on trouve *ry-* avec l'impératif (t. XXIX, p. 44 *rim uaredun* ; p. 47 *na rynoetha.*)

---

1. L'emploi de *ny* ici est curieux. C'est un emploi à rapprocher de celui de cette particule, en vieil-irlandais, avec le subjonctif de volonté. Il est

VII. *Ro-* en gallois, avec le présent de l'indicatif, marque :

1° *la possibilité* [1] ;

2° Une chose qui se fait habituellement sans précision de temps ou de personne. Dans d'autres cas, il ne semble pas avoir de valeur apparente.

Il me paraît probable aussi que *ry-*, en gallois, a pu donner au présent la valeur d'un passé : t. XXIX, p. 53 *ry draeth* peut avoir eu cette valeur. Dans la *Bl. Book of Carmarth.* (Skene *F. a. B.*, II, p. 23, vers 2, 9), à deux strophes de distance, on a, sans doute avec le même sens, *ry-* avec le même verbe au présent et au parfait :

Rim dyuueid [2] huimleian chuetyl enryvet.

« Une sorcière m'a dit (vient de me dire) une nouvelle étonnante. »

Rymdywod huimleian chuetil am echrin.

« Une sorcière m'a dit une nouvelle qui m'épouvante. »

Ro- paraît donc avoir servi, en brittonique, à faire ressortir dans le verbe cinq notions principales :

1° constatation de l'antériorité d'une action ou fait par rapport au présent ou au passé, ou à un moment quelconque de la durée ;

2° l'achèvement d'une action passée, dans le présent, ou la continuation d'une action passée dans le présent ;

3° le souhait ;

4° la *possibilité* au présent ;

5° l'habitude au présent.

Comment ces diverses valeurs de *ro-* s'expliquent-elles ?

Sont-elles liées les unes aux autres et ont-elles une source commune ?

Zimmer a le premier pénétré le rôle de *ro-* au prétérit.

clair que l'emploi de *ry-* ici n'est pas primitif. *Nyrydoniych* équivaut à : je ne veux pas que tu...

1. Cf. pour le cornique : *rum kynmer*, p. 18.

2. Skene a lu à tort *run* dyuueid.

Il a montré que *as-bert* est la forme narrative, analogue au parfait historique latin, tandis que *as-ru-bart* n'est jamais usité dans ce sens, mais implique une relation de temps qui, dans la majorité des cas visés, a la valeur d'un plus-que-parfait ou d'un parfait véritable. La signification fondamentale de *ro-* est celle de l'action achevée. Pour le subjonctif, Zimmer maintient l'ancienne théorie d'Ebel : que l'addition de *ro-* au subjonctif change un présent et un imparfait respectivement en un parfait et un plus-que-parfait. Zimmer cherche l'origine de la valeur verbale de *ro-* dans la valeur de *ro* avec les adjectifs : *ro-már*, trop grand. Ce sens, dit-il, se tire facilement du sens primitif : *pro*, avant (cf. προ-τιμάω). *Ro* a amené à une comparaison au point de vue de la qualité dans sa liaison avec les adjectifs ; dans les verbes, à une comparaison au point de vue du degré temporel. C'est une particule prétéritale, en ce sens qu'en se joignant à tout temps elle met l'action à un moment antérieur à celui qu'indique le verbe sans elle (K. Z., xxxvi, p. 535-537).

Parlant de la découverte de Zimmer, Thurneysen conçoit autrement l'origine et le développement de l'usage de la particule *ro-*. Il résume ainsi (K. Z., xvii (1904), p. 91) sa théorie.

« La préposition *ro*, qui dans bon nombre de verbes accentuait le point final, terminatif de l'action, était devenue dans quelques autres la marque de l'action *ponctuelle*. Elle s'unit, avec cette signification, à un nombre de verbes de plus en plus grand, en exceptant les propositions négatives. De l'usage ponctuel se développa, au présent de l'indicatif, la signification de la possibilité ; au conjonctif, celle d'un conjonctif futur ; au prétérit de l'indicatif, celle d'un temps constatant le passé et celle de l'action atteinte. La signification *ponctuelle* finit par disparaître. *Ro-* se maintint cependant avec les conjonctifs de proposition prohibitives. Comme signe de la possibilité, *ro* passa de l'indicatif au conjonctif et servit à distinguer le conjonctif-optatif du *soll-modus*. » Ces diverses propositions sont appuyées d'arguments spécieux ou au moins ingénieux et témoignent d'une rare connaissance d'un sujet particulièrement ardu et complexe.

Strachan (*Action and time*, p. 31) admet la théorie de Thur-

neysen qui est, en gros, celle de Sarauw : à savoir, que la signification fondamentale de *ro* à l'indicatif et au conjonctif, est
perfective ou *aoristique*.

Holger Pedersen (K. Z., 17, p. 219 : *Zur Lehre von den
Aktionsarten*), examinant tous les modes d'emploi de *ro-*, soutient (p. 244) n'y avoir pas trouvé un seul signe de *ponctualité*;
pour lui tout s'explique par la signification perfective, *d'achèvement* de *ro-*, et, comme Zimmer, il part de la valeur de *ro* en
liaison avec les noms. Il n'admet pas non plus que le sens de
la possibilité au présent de l'indicatif se soit développé de
l'usage *ponctuel*. L'explication du subj.-opt. avec *ro-* par le
sens de la possibilité ne lui paraît pas heureuse.

Résumant son point de vue (p. 248), il affirme que le prétérit parfait et l'optatif parfait (subj. de souhait avec *ro-*)
sont les principaux reprèsentants du parfait *ur-keltisch* insulaire.
Peut-être, ajoute-t-il, pour le souhait, la particule *ro-* a-t-elle
été nécessaire pour apporter la notion du parfait ; peut-être
aussi, y a-t-il eu primitivement un véritable conjonctif parfait
(*docói* en serait un reste). En tout cas, ce conj. parf. aura été
évincé par le conj. présent. Ceci peut avoir amené la formation d'un indicatif présent d'habitude. Pedersen se demande si
la signification de la possibilité est ancienne.

Le parfait *ur-keltisch* primitif n'était autre que le parfait indo-
européen. Ce parfait était fréquemment composé avec certaines particules affirmant aussi l'idée de parfait. Par une
innovation irlandaise, ces particules pénétrèrent au présent
(conj. et indicatif) et au futur.

En somme, les questions soulevées par l'emploi de *ro-*, son
origine et son évolution évoquent une foule de questions délicates dont plusieurs, comme on le voit, sont loin d'être réso-
lues.

Les matériaux que j'ai réunis peuvent aider à leur solution ;
ils serviront, en tout cas, à éclaircir l'emploi de *ro* à l'époque
de l'unité insulaire.

Zimmer, qu'a suivi en cela Pedersen, me paraît avoir été
bien inspiré en partant des formes nominales pour dégager la
valeur primitive de *ro* et l'apport qu'elle a introduit dans le
verbe. Partir de l'emploi de *ro-* dans le verbe est dangereux,

car la valeur de *ro* y apparaît avec beaucoup moins de netteté
en raison des multiples complications causées par les notions
si délicates de temps et de mode. Mais il a trop restreint la
valeur de *ro*. En effet, *ro* dans les composés nominaux a deux
valeurs ; 1° elle marque l'*antériorité* ; 2° l'*intensité*.

Dans le premier sens, *ro* a eu à supporter la concurrence de
plusieurs autres particules, comme *rem*, en irlandais, qui appartient à la même racine. Il y en a cependant des exemples très
nets : v. breton, *dorguid* gl. *pithonicus* = *do-ro-ṷiđ-*, celui qui sait
avant ; *do-ro-mantorion* gl. auspicibus-i. *considerantibus*, ceux
qui prévoient, réfléchissent (et savent) avant [1], *devins* ; gallois
rhieni (*rhyeni*) parents, ancêtres = *ro-geno-* ; *rhy-buddio*, prévenir, v. irlandais, *ro-bud*, action de prévenir [2].

Ce sens et celui d'intensité se lient et se tirent facilement
du sens primitif de *pro*, AVANT : *ro-geno-s*, né avant : *ro-ṷiro-s*
gallois *rywr*, supérieur aux autres hommes, *héros* (cf. irl.
ruire, *roflaith*) ; v. irl. *robarti* gl. *malinas* (sg. *robarte*) gall.
rhyferthwy, bret. *reverzi* : grande marée (par rapport aux
autres). Le sens de *trop* avec les adjectifs y est lié. Ces deux
sens d'*antériorité* et de *supériorité* sont souvent difficiles à
séparer.

C'est plutôt du sens d'intensité qu'il faut partir, à mon
avis, pour expliquer le sens parfait, le sens optatif, le présent
d'habitude, et, comme conséquence de ce dernier sens, le présent de possibilité. En revanche il me paraît très probable que
le sens d'*antériorité* a joué son rôle dans l'usage verbal de *ro*.
Comme l'a remarqué Thurneysen (p. 61), un des principaux
emplois de *ro* en vieil irlandais, c'est qu'il constate, avec le
prétérit, un événement comme passé. Dans les langues britt-
toniques, cette assertion n'est exacte, que si on ajoute que *ro*-
marque la constatation d'un fait passé par rapport au présent ou
au moment où on parle. Ce sens est assurément très voisin
du parfait, mais il en diffère cependant, car ce n'est pas l'idée
de perfection ou de durée qui est visée, mais celle d'antério-

---

1. Cf. le nom propre vieux-breton *Ru-manton*.
2. La racine de *rhy-budd* (*pudd*) et celle de *ro-bud* sont totalement
différentes.

rité. Si on admet ce point de vue, on explique facilement l'emploi de *ro-* au subjonctif, en gallois, cornique et irlandais, ainsi qu'au présent, quand le présent avec *ro* a le sens du passé.

Thurneysen, qui part cependant de la signification *perfective* de *ro*, admet qu'on est arrivé de l'aoriste de constatation du passé à la signification du parfait. Il l'explique de façon très ingénieuse et plausible. De fait, et plus simplement, car sa démonstration est des plus compliquées, on peut très bien admettre que de la constatation du fait passé par rapport au présent, on soit arrivé à établir une comparaison portant tout autant ou plus sur le présent, à envisager les conséquences de l'action passée au moment où on parle ; à se placer au point terminal de l'action. *Ro-* serait passé insensiblement du prétérit à sens presque perfectif au parfait. Dans le sens purement perfectif, *ro* a été employé concurremment avec d'autres prépositions : *com, ex, ad* (avec *con*).

Il y a un reste de cet emploi, en gallois, dans *cynneryw* (*con-deryw*) qui a dû se passer de *ry* avec lequel on le trouve cependant employé (Mabinog., p. 29). Peut-être *con-* a-t-il le sens perfectif dans *yt gynvaethant* du Gorchan Maelderw (F. a. B. II, p. 102. 13) mais *cyn* peut ici avoir le sens de *avec* (*com-potare*). *Com* avec *ad-* apparaît dans *cyfachedwyn* (L. Taliessin F. a. B., II, p. 202, 1) de *cyfachadw* = *com-ad-cadw-*. A remarquer aussi *yveis* et *er-yreis* (*er* = *ex-ro-*) : Gododin, 69, 16, 17 ; 68, 30 *yveis* ; Gorchan Maelderw *eryveis* 100, 6 ; 106, 28 ; L. Rouge 266, 19 *eryveis*[1] : *ervessit* (Gorch. Maelderw 100, 6) doit être corrigé en *eryvessit*.

Le breton possède un verbe des plus intéressants qui a conservé la composition *di-ro-* : c'est *diréza*, moyen-breton *dirhaes* atteindre, que M. Ernault (Glossaire moyen-breton) a justement rapproché du gallois *cyrhaedd*, atteindre (*co-ro-* ?). Le simple *haeddu* n'a sûrement eu d'abord que le sens de *chercher à atteindre* ; c'est par *ro-* (cf. plus haut, t. XXIX, p. 60 *ry-hait* = gall. mod. *rhy-haedd*) qu'il est arrivé au sens de *atteindre, mériter*. Ce sens du simple est très clair dans un vers du *Livre de Taliessin* (F. a. B. II, 116, 13) : *mal haedu awyr a bach* :

<hr>

1. Cf. L. Tal. 185, 4 : pan *er-clywat* Kat ; 149, 16 ergelhawr ; 144, 20 *er genhynt*. L. Aneurin : 106, 29 *erdiledaf* ; 106, 22 *erdyledam*.

« Comme *chercher à atteindre* l'air avec un croc. » Traduire par *atteindre* serait faire un contre-sens. *Haed-af* = irl. *saig-im*; (*di*)-*r*-*haid-af* = vieil-irl. *ro-saig-im*.

L'étymologie donnée par MM. Ernault et Henri d'après *Urk. Spr.* (*seid*) est de tout point impossible.

Les composés semblables en *dir*- avec sens intensif ne sont pas rares en gallois : *dirganaf*, dans un poète de Meilir ab Gwalchmai (Silv. Evans, *Welsh-Engl. Dict.*).

Le sens d'antériorité, de *ro*-, paraît confirmé par l'emploi de la particule après *o*, non dans le sens de *depuis que* mais de : *après que* (Strachan, *Act. and time*, p. 2, note 2, d'après Sarauw). Il est vrai qu'on peut ici encore dire qu'il s'agit plutôt d'une action *entièrement* accomplie par rapport à une autre. L'explication serait quelque peu forcée.

Ro a pu, tout en se joignant au prétérit et lui apportant nettement l'idée d'antériorité par rapport au présent, se joindre au parfait en confirmant l'idée d'achèvement, à la même époque, mais il me semble plus probable que le point de départ est le prétérit. Je ne nie pas d'ailleurs qu'on ne puisse expliquer le rôle de *ro* au prétérit, en partant de sa valeur comme particule perfective (v. Pedersen, p. 269).

Ce qui a été dit du prétérit peut se dire du subjonctif. Il est, en effet, impossible de séparer l'emploi de *ro*- à l'indicatif, de son emploi au subjonctif. On peut, il est vrai, admettre avec Strachan (*Subjunctive mood*, p. 127) que la signification de *ro*-, au subjonctif, est dérivée non pas directement de sa valeur propre (pour lui uniquement perfective) mais est due à une association avec l'indicatif. Il ajoute très justement en note, comme je l'ai montré plus haut, d'une façon plus générale, que le sens passé de *ry* avec l'infinitif en gallois, est due à une association du même genre.

Pour *ro*- avec le subjonctif dans le sens optatif, Thurneysen l'explique par le sens de *possibilité* qui s'est communiqué du présent au futur et au subjonctif (p. 69-71). Une première objection à faire à la théorie de Thurneysen, c'est que le gallois (et probablement le cornique), qui connaît le sens de la possibilité pour le présent, l'ignore au subjonctif; que le breton qui, comme le cornique et le gallois, emploie *ro-*

7

avec le subjonctif dans le sens optatif, ne présente pas trace du sens de la possibilité au présent. Pedersen (p. 238) me paraît avoir raison de rejeter cette explication. Le souhait, comme il le fait remarquer, est exprimé non par *ro*, mais par le subjonctif seul. Et, de fait, en breton et en gallois même moyen, le subjonctif dans le sens optatif se passe très bien de *ro*. Il va de soi, ajoute très judicieusement Pedersen, que *ro* avec sa signification primitive concrète de *complétion, d'achèvement*, est bien à sa place dans un souhait. *Ro* ajoute à la force du souhait, en presse l'issue dans l'esprit de celui qui l'exprime et donne au subjonctif un sens analogue aux formes du parfait grec πέπαυσο, πεποίησο (Krüger, Gr.-Gr., 54, 53, 3, 5). Cette explication est singulièrement confirmée par le verbe gallois *rhy-bucho*, désirer, souhaiter (beaucoup). *Ry* était sûrement séparable anciennement (v. t. XXIX, page 89); d'ailleurs les dictionnaires donnent encore *pucho*; mais *ry* était tout naturellement indiqué pour se joindre à un verbe de souhait.

Pour la signification de possibilité au présent avec *ro*, s'il n'y avait que le gallois, je n'hésiterais pas à la tirer du sens futur, d'autant plus que, comme en cornique, présent et futur sont souvent confondus sous la même forme. Il est souvent difficile de décider, si on a affaire à un présent ou à un futur, au point de vue du sens (v. t. XXIX, v. p. 52, 56). Dans le proverbe : *rhygas rywelir* (p. 59), on peus traduire : trop de haine se voit, ou *se verra* : *se voit d'habitude*. Il est facile de passer du futur à la possibilité : ni *rygelir* dryclam (p. 56) peut se traduire par : on *ne cachera pas*, on ne *cache pas facilement* une fâcheuse chute. Cette explication ne peut guère s'appliquer à l'irlandais où, comme le fait remarquer Pedersen (p. 234), on ne voit pas que *ro* avec le présent ait eu le sens futur. Jusqu'aujourd'hui, en irlandais, il y a un vrai futur.

Il me paraît préférable de partir du présent d'habitude.

Ce présent est connu un peu dans toutes les langues et a été notamment très bien décrit par les grammairiens qui font autorité en matière de grammaire grecque.

Comme le dit très bien Krüger (Gr. Gr.; §§ 53, 1. 1), le présent au sens le plus rigoureux du mot ne constitue pas plus un temps que le point ou la ligne ne constituent un espace (défini : *raum*).

L'action qu'on se représente en rapport immédiat avec le moment présent peut finir avec lui (j'entends, je saisis), ou commencer avec lui, ou s'étendre par-dessus lui des deux côtés de la durée. Ses limites peuvent n'être définies d'aucun côté du moment présent. Dans ce cas, l'action peut se répéter; les divers événements qui en résultent peuvent former un tout, une résultante qui se traduit par un axiome, une vérité d'expérience, la constatation d'une habitude et aussi une assertion valable pour tous les temps (cf. Kühner, Gr.-Gr., 3ᵉ éd., 2ᵉ partie I, 132; Goodwin, *Tenses and moods*) :

Platon, πολιτ. 381, 6 :

ὁ Θεός τε καὶ τὰ τοῦ θεοῦ πάντη ἄριστα ἔχει.

On conçoit très bien qu'une particule intensive et confirmative comme *ro* ait été appelée à donner plus de force à une affirmation ou conclusion de ce genre; *ro* est ici aussi bien à sa place que dans *ro-fetar*, je sais.

De ce présent d'habitude, on arrive sans effort au présent de possibilité. On peut y arriver directement de la façon qu'indique Pedersen (p. 236) ; donnant à *ro* le sens de *zu ende*, il résume le rôle de *ro* avec le présent d'habitude et la possibilité : « *il mène toujours la chose à bonne fin* » (s'il le veut), ce qui équivaut à dire : « il peut le faire. »

En fait, le présent d'habitude est souvent exprimé avec des restrictions ou des conditions qui lui donnent la nuance de la possibilité, par exemple dans cette phrase d'Euripide (*Fragm.* 732) : ῥώμη ἀμαθὴς πολλάκις τίκτει βλάβην « une force brutale nuit *souvent* » : c'est-à-dire *peut nuire*, ou pour exprimer, dans ce cas en français la valeur de *ro* : *peut très bien* (facilement) nuire [1].

Cf. τίκτει τοι κόρος ὕβριν, ὅταν κακῷ ὄλβος ἕπηται (Hés. *Théog.* 253), la satiété engendre l'insolence, *lorsque la prospérité suit le méchant.*

Souvent la condition ou la restriction sont sous-entendues :

ἐν χρόνῳ ἀποθνίνει τὸ τάρβος ἀνθρώποισι (Aesch. Ag. 157) « avec le temps, la timidité disparait chez les hommes. » Il est clair

---

1. Voir un emploi analogue d'une particule équivalente à *ro* en albanais, chez Pedersen, p. 236.

que le poète a voulu dire : disparait souvent ou *peut disparaître*.

L'emploi de la particule *ro* en pareil cas, c'est-à-dire dans
l'expression d'une habitude présentée avec des restrictions ou
entraînant nécessairement des exceptions, se justifie facilement
dans le sens exprimé plus haut (*vraiment, très-bien, facilement*).
Mais sa valeur est encore plus nette, lorsqu'on répond par
une affirmation à une négation exprimée ou sous-entendue,
ou à un doute appuyé sur l'expérience. Quand par exemple le
poète gallois dit :

ry seiw gur ar un conin

« un homme se tient vraiment, *peut très bien* se tenir sur un
seu roseau »,

il répond à une négation fondée sur l'expérience : « un
homme ne se tient pas, *ne peut se tenir* sur la pointe d'un
roseau. »

En pareil cas, la valeur de *ro* est manifeste. Il me semble
probable que c'est par cette voie surtout que l'usage de *ro*
avec la valeur de la possibilité, s'est introduit au présent. On
s'explique facilement ainsi également, que *ro* n'ait pas été
employé avec la négation tout d'abord en gallois (malgré un
certain nombre d'exemples) et en cornique aussi bien qu'en
irlandais : *ro* et *ni* s'opposent l'une à l'autre.

La valeur intensive de *ro* me paraît expliquer facilement
son extension avec des temps ou modes auxquels elle
n'apporte aucune valeur temporelle appréciable ni aucune
notion spéciale, par exemple avec le futur, dans les exemples
que j'ai cités. Au plus-que-parfait, à l'imparfait, dans le plus
plus grand nombre des cas il en est de même. Au présent,
lorsque *ro* n'exprime ni l'habitude ni la possibilité, la valeur
intensive est parfois nette (v. t. XXIX, p. 90).

Rymun gulat rymun

« Il me désire *vraiment* le pays, il me désire. »

Rec rysiolaw

« un présent, oui je le demanderai (instamment). »

Ry geidw y teithi

« Qui garde bien ses qualités. »

Ti a nodyd *a rygeryd* (t. XXIX, p. 56) :

« Tu protèges ceux que tu aimes bien. »

Il est même probable que dans certains exemples *ry* a la valeur de *trop* (ibid. p. 61) :

am *a rygaraf*

« Pour celle que j'aime *trop*. »

Dans des exemples comme : Lleveir a gwbleir *ny ry gablaf* (ibid. p. 57), *ry* non seulement indique l'habitude mais pourrait bien se traduire par l'expression française : je ne blâme pas *trop*.

Il y a sûrement dans l'esprit du poète une intention dans des oppositions comme :

Rhygas rywelir (ibid. p. 59).

« Trop de haine se voit *bien* [1]. »

(Cf. ibid. p. 57   gnaut *ry*gwyd *ry*gais ny allo) ;
ibid. p. 67   gnaut wedy *ry*serch *ry*seiliaw cas)

Cette valeur se montre encore, chose significative, en plein xviiie siècle, dans un des très rares exemples où apparaisse *ry* (Goronwy Owen, ap. M. Lewis Jones, *Caniadau Cymru*, p. 61).

Un rodd orwag ni *ryddiriwn*

« un don par trop vain, je n'insisterai pas trop (pour l'obtenir) : je ne l'exigerais pas [2]. »

C'est ce sens mal compris, ainsi qu'une vague ressemblance de forme, qui a amené Lhwyd pour le cornique, Richards pour le gallois, dom Le Pelletier pour le breton, à voir dans la particule *ro* une forme évoluée de *faire* (*gwrug, grug*

---

1. Cf. *Oll synnwyr pen Kambero y gyd* (Salesbury, réédité par G. Evans : y neb *ae ryvostio* ehun a baw y coroner).
2. Pour ce sens cf. mi a *ddiriwn* am ddwy rodd (Silivan Ev. *Welsh.-Engl. Dict.* à *dirio*).

en construction *rug*, cornique moderne *rig* ; *gra*, en construction *ra*). Le fait est intéressant, quoiqu'au début de cette étude j'y aie attaché trop d'importance. Une pareille idée ne pouvait venir qu'à un moment où la valeur réelle de *ro* était oblitérée.

En effet, si on prend précisément la construction du verbe faire au prétérit avec l'infinitif, le composé verbal n'a jamais en moyen-gallois ainsi qu'eu breton moyen et moderne, que la valeur d'un *prétérit narratif* ; souvent même, elle indique le commencement de l'action, si bien que la Gr. Celt., p. 591, traduit plus d'une fois le verbe à l'infinitif avec faire au prétérit par *cœpi* avec l'infinitif : *ymdidan a wnaeth* hi, *colloqui cœpit*. En breton actuel, il en est de même : *mont* (ou *monet*) *a reaz*, (aller il fit) n'a que la valeur d'un narratif, et ne peut se traduire que par *il alla* (il se mit à aller) et non pas : *il est allé*.

Il n'en est pas de même en cornique [1] au moins dans bon nombre de cas, non plus qu'en gallois moderne. Cela tient à ce que dans ces constructions, le verbe faire n'est qu'à moitié auxiliaire et qu'il conserve sa valeur propre.

Il l'a conservée d'autant mieux qu'en cornique comme dans le gallois du nord qui est devenu avec la Réforme la langue littéraire, le verbe *faire* précède l'infinitif.

Anwyl (Accidences, p. 69) donne à faire au prétérit avec l'infinitif la valeur d'un aoriste, mais sa traduction même ne le confirme pas : *a wnaethost ti fynd am dro, did you go* for a walk. Williams ab Ithael (*Dosparth Edeyrn Davod aur*, p. 96) donne la même valeur au prétérit *gwnaethum* et *darfum* c'est-à-dire la valeur d'un passé indéfini. C'est exagéré : *darfu* marque plus particulièrement l'achèvement et présente l'action surtout comme terminée. Au futur, le sens de *gwnaf* avec l'infinitif, n'est pas non plus tout à fait celui d'un auxiliaire.

Le gallois moyen, dans sa prose, et le breton emploient, au contraire, nettement *faire* dans le sens d'auxiliaire : le verbe faire suit et c'est l'infinitif désignant l'action qui précède [2].

---

1. Gr. Celt., p. 592 ; mara *cruste leverel* : fatel *wrussyn ny keusel*.
2. *Groa, gra* ne précède le verbe, en breton, qu'à l'*impératif*, et encore cet emploi est-il rare.

Ces divers emplois de *faire* mériteraient une étude spéciale.

La décadence assez rapide de *ro* en gallois, où son emploi est plus répandu qu'en cornique et en breton, s'explique assez facilement. Dans beaucoup de cas, l'usage d'adverbes ou expressions adverbiales destinées à renforcer sa valeur, le rendait inutile (*uchof*, *uchot*, *vry*, *kynno hynny*, *eiryoet*, *llawer dydd*) : avec l'infinitif, par exemple, le plus souvent, en prose, *ro* est accompagné de *wedy*. L'emploi d'auxiliaires comme *darvod* marquant l'accomplissement, l'achèvement d'une action, contribue aussi à rendre son emploi moins utile. Le développement de la conjugaison analytique précisant avec plus de netteté les degrés dans le temps et les nuances de l'action y fut aussi pour beaucoup. Enfin, il est incontestable que dans beaucoup de cas, au xiie siècle, sa valeur était à peu près nulle. De fait, l'extension même de son emploi, en dehors des cas où son emploi était légitime et sa valeur certaine, amena à le faire considérer comme un luxe et une superfluité.

§ 3. Construction de la particule verbale en gallois

1° Ry *en dehors de la composition avec les pronoms infixes.*

Ry se place régulièrement devant le verbe simple ou composé, sans être précédé en général d'aucune particule verbale (*a*, *yd*, *ydd*, *yr*, *ef*...). Quant aux particules séparables, leur nombre est considérablement restreint au xii–xiiie siècle. Dans certains verbes *ro* est resté figé : ce n'est plus alors une particule verbale à proprement parler (*cyrhaedd*, breton-moyen *dirhaes*). Les particules restées le plus longtemps séparables sont *dy-*, *er-* (*ex-ro-*). Il est clair qu'anciennement *ro* se plaçait entre la particule et le verbe : vieux-gallois *di-r-gatisse*, gl. *concesserat* : gallois-moyen et moderne *dy-adu* (cf. plus haut, p. 8).

Il est possible aussi qu'il y en ait un autre exemple dans ce verbe du deuxième poème du manuscrit de Juvencus (*ibid.*, p. 9) :

Dou *nam riceus* unguetid.

Peut-être avons-nous affaire ici au prétérit du verbe rare qui apparaît dans le *White Book of Rhydderch : amkawd*, 3ᵉ pers. sg. du prét. de l'ind. : *il dit* ; plur. *amkeudant. Nam* serait à décomposer en *na + am (ambi)* : « deux qui ne se sont guère entretenus, un seul pouvant parler ».

Quoique la particule *dy-* s'emploie fréquemment chez les poètes des xii-xiiiᵉ siècles, comme particule séparable, je n'ai pas rencontré d'exemple de *ry* entre cette particule et le verbe [1]. Le fait est d'autant plus singulier qu'on trouve des pronoms infixes entre la particule *er-* et le verbe.

Myv. arch., 184-1 :

> Ach gwynaf *er-ych-gwynawr*
> *Er-ych-gwynant* kant kertawr.

« Je vous pleurerai, on vous pleurera, cent poètes vous pleureront. »

Livre d'Aneurin, 80. 24 :

> *Ermygei* rac vre

mais

69. 1 :   Bwyt y eryr er-*ys*-mygei.

Outre ces particules [2], il y a aussi des adjectifs se composant avec le verbe, comme *mad, cein, hawdd, moch, gwrdd.* Avec *mat,* on trouve quelquefois *ry* (v. plus bas).

La règle pour l'absence de particule verbale avec *ry-* souffre des exceptions, notamment, comme nous le verrons, lorsque le pronom infixe, contrairement à l'usage ancien, précède *ry.* Il est remarquable que dans les *Anc. Laws,* en général, si la particule verbale *a* est employée, *ry* est absent, et réciproquement (Voir plus haut, pp. 9-12).

Il y a quelques exceptions :

Y gwr *a rydigones* hy — Ef *a rygafas* y hamobyr hi (*ibid.* p. 11).

Kyndewhet ac ewin amaeth *ar amaetho (a + ry)* seith mlyned (*ibid.*, p. 38).

---

1. *Dir (di + ro)* est usitée comme particule renforçante : *dir-ganaf,* je chanterai.

2. On peut signaler un mot jouant le rôle de particule devant le verbe au xiiᵉ-xiiiᵉ siècle, *hu, hud.*

L. Aneurin (*ibid.*, p. 15) :

> rwg e rygolleis y om gwir garant [1].

L. Tal. (*ibid.*, p. 17) :

> Geni Iessu *a rydarfu.*

Mabinog. (*ibid.*, p. 13) : Gwynn vab Nud *a rydodes* Duw aryal dievyl Annwvyn yndaw. — na'r llettrith *a ryvu.* — Ef *a ry eill* ych nackau (*ibid.*, p. 59).

The Bruts (*ibid.*, p. 36) : ar cledyf *a rydaroed* idaw y dodi.:. *a rydygassei* Gadwgawn — y gwyrtheu *a rywnathoed* yr ebystyl — *ar daroed* kyfroi — Kanys y rei hynny *a rydaroed* udunt gwrthlad Maxen.

Hanes Gruff. ab Cynan (*ibid.*) : Llynges *a ry welsynt.*

Myv. arch. (*ibid.*, p. 19 : XIIe siècle), *y rydraethyssant.*
 — ym pob gwlat *y rywu* (*ibid.*, p. 23).
 — a rygotwy glew, gogeled ragtau (*ibid.*, p. 39).
 — *a ry gollo* pawb a gar (*ibid.*, p. 41).
 — nep *a rwy garwy.*
 — or sawl *a ryseilych.*
 — ac ny meddylio *a ruy dirpero* (*ibid.*, p. 42).
 — am *a rygaraf* (*ibid.*, p. 61).
 — Llys Ewein ar breit *yt ryborthed* eirioed.

Daf. ab Gwilym (*ibid.*, p. 65) :

> om iaith *y rhyluniaethir.*

Ce vers de Taliessin est à corriger (214. 13) :

> nyt Rys . . .
> *arywelei arywleis* o aghyfyeith.

Le vers ne peut avoir plus de 9 ou 10 syllabes. Il faut vraisemblablement lire :

> nyt Rys...
> *a welei ryweleis* o aghyfyeith.

---

1. Le vers a neuf syllabes ; *y* nota augens ne compte pas : *e* (ou *a*) est nécessaire.

Ry ne portant pas l'accent *tonique*, subit des modifications de diverses sortes. Parfois, comme nous le verrons, *ry* arrive à *r* ou *r* voyelle (écrit *yr*). La modification la plus fréquente consiste dans le rattachement de *ry* à une particule ou même à un mot formant union syntactique avec le verbe et terminés par une voyelle, ce qui entraîne la réduction de *ry* à *-r*. Ces particules sont le plus habituellement *neu*, *a* (conjonction *a*, *ac*), *py*, très rarement la négation *ny* :

Revue Celt., 1908, p. 16 : *neu'r uum* (*L. Noir*).

> p. 17 : *neu'r weleis* (*L. Tal.*).
> p. 18 : *neu'r ordyfueis* (*idid.*).
> p. 19 : *neu'r digereis* (*L. Rouge*).
> — vyg callon *neur dorres* (*id.*).
> p. 12 : *neu'r dihegis* (*Brut y Tyw.*).
> p. 13 : *neu'r golles* (*Mabinog.*).
> — *neu'r gavas* (*id.*).
> — *neu'r golles* oll (*id.*).
> p. 26 : *neu'r dywetpwyt* (*Anc. Laws*).
> p. 64 : Tystet y march kyntaf *yr kymrit* mach o newyd
> ar *vynet* yr hawl y arnaw ef (*id.*).

Myv. arch., 275. 2 :

> *neu'r wyr* canwlat nad rhad rheufedd.
> p. 67 : *wedy'r golli* (*Mabinog.*).
> — *wedi'r greiniaw* (*Myv. arch.*).
> — *gwedi'r odi* (*Daf. ab Gwil.*).
> — *wedi'r dduaw* (*Iol. Goch*).

Myv. arch., 242. 1 :

> *Pechu'r digonsam o gam garedd.*

Le texte porte *pechu yr digonsam*, ce qui se rapproche de la prononciation réelle, mais au point de vue métrique, il faut dire *pechu'r*; le vers ne comportant que 9 syllabes.

Même avec *neu*, le rattachement n'est pas obligatoire. *Ry* peut être, dans ce cas, intact, tant pour les besoins de la métrique en poésie, que par accent oratoire :

L. Tal., 174. 9 : *neu rygiglen.*

Il ne faut pas confondre *-r* reste de *ry* avec *-r* (pour *yr* = *ry*, v. § 4 : *Formes de -ro*) reste du pronom (et article) *yr* que l'on trouve en composition avec *o*, *a*, *py*, *y* = *dy* (*di*) : *y'r pan aned*, *o'r pan aned*. *Yr* dans le sens de *parce que*, en est également distinct.

r = *yr* pronom-particule ne cause pas affaiblissement de la consonne suivante, ce qui est la règle, notamment en cas de réduction, pour *-r* (ou *yr*) = *ry* (il en sera plus longuement question § 4).

Pyr peut contenir le pronom *yr*, notamment dans le sens de *depuis que*[1], *à cause de quoi*.

Py se construit aussi avec *-r* = *ry* :

L. Noir, 8. 20 :

> gvae vi *pir imteith* genhide in kyueith

« Malheur à moi que je voyage avec toi en collaborateur » (dit l'âme au corps).

8. 21 :   Gvae ui pir wuuf ar di kivolu

8. 26 : Le corps répond :

> Guir *yv, guae vinheu pir deuthoste im goteu*

« C'est vrai, c'est bien un malheur pour moi que tu sois venu vers moi. »

Pyr (*pi* + *ro*) rappelle pour le sens l'irlandais *cia*, *ce* avec *ro*, dans le sens explicatif. En gallois, l'évolution de sens me paraît plus simple qu'en irlandais : *py*, seul, peut avoir le sens de *pourquoi*, *pour quelle raison*.

L. Rouge, 251. 12 :

> Duw reen *py bereis* te lyvwr

« Dieu souverain, pourquoi as-tu créé le lâche ? »

Ibid., 302. 5 : neu vlaen gwyd ffaliwn

> *Py estwng* mor grwm

« Et le sommet de l'arbre *ffaliwm*[2], pourquoi il se plie si courbe. »

---

1. *Py* se construit aussi avec *ar*, *att*, *rac*, placés après lui.
2. Il est question de cet arbre (*falhun*) dans le *Livre noir*, 12. 23.

Py aussi a quelquefois la valeur du relatif :

Myv. arch., 212. 1 :

> — Nyt reid [1] tra dilyn pell ovyn *pwy*
> *Py* geidw yr gorddwfyr rac pob gorddwy :
> Llywelyn ae keidw . . .

« Il n'est pas nécessaire d'insister [2] beaucoup, de demander au loin quel est celui qui garde [3] les eaux élevées contre toute violence : c'est Llywelyn qui les garde. »

Ibid., 248. 1 :

> O govynnir pwy *py ryd* vwyhaf

« Si on demande quel est celui qui donne le plus. »

Dans ces deux exemples *py*, pour le sens, équivaut à *a*.

2° R*y* *avec la négation.*

Les exemples de *ry* avec la négation ne sont pas bien rares dans les *Vieux Livres* même ; ils sont assez fréquents dans la langue des XIIe-XIIIe siècles :

L. Noir, 8. 2 : ac *ny riuelssud.*
9. 28 (et 46. 17) : *nys rydraeth.*
54. 20 : racod *ny ry imgelir.*
5. 6 : *ni ritreithir.*

L. Aneurin, 63. 20 :

> ny ellir anet *ry vaethpw yt*

(lisez *a nyt*).

L. Tal., 173. 6 : *ny rywelet.*
178. 26 : y gystedlyd *ny ry anet.*
181. 23 : *ny rytyghit.*
148. 31 : kewssit da *ny'r gaho* drwe.

---

1. Le texte porte *ny treid.*

2. Il est possible que *pell ovyn* soit une de ces parenthèses ou appositions si fréquentes dans la poésie galloise : en ce cas *pell ovyn* signifierait *peur qui va au loin* (*pell ofn*).

3. *Garddwfr* est composé comme *gor-thir* qui signifie *terre élevée*. Il s'agit probablement de la région des sources.

L. Rouge, 308. 5 (v. plus haut, 1908, p. 41) :

> *ny rydecho* rydygir

Revue Celt., 1908, p. 47 (*Anc. Laws*) :

> *ni rypeirch ni ryparcher.*

Ibid., p. 11 : nas *re creus* (*id.*). — *Ibid.,* p. 39, *na regafo* (*id.*).— *Ibid., nu ny ry wadus* (*id.*).— P. 39, *nys ry dycko* (*id.*). — *Ibid.,* p. 43, *na rygemerer* (*id.*).

Ibid., p. 13 : *ny rygiglef* (*Mabinog.*). — *Ibid.,* p. 37, *ny rywelsei* (*id.*).

Ibid., p. 41 (*Myv. arch.*) :

> *ny ry weleis tec nwy ry gwelwy*
> *ny ryweleis* neb...
> *nys rybuchwy.*

Ibid., p. 9 (*Myv. arch.*) :

> nys gwybyt rewyt *nys ry gelwy.*

Ibid., p. 46 (*Myv. arch.*) :

> *ny rygodwyf*
> — *ny rygollwyf* Duw
> — *ny rydoniych,* dat.

Ibid., p. 47 (*Myv. arch.*) :

> *na rynoetha.*

Ibid., p. 56 : vel *nas ryganant*...

> — *nis rydiffawdd.*

Ibid., p. 57 : *ny ry gablaf.*
Ibid., p. 58 : ny *rygar.*

> — *ny rydaw*
> — *ny ry geblir.*

Il y a beaucoup d'autres exemples dans la *Myv. arch.* :

(p. 222. 2 : *ni rygant* dyn dim mor irad.

« Personne n'a chanté chose si cruelle. »)

3° Ry *avec les pronoms infixes.*

A. *Les pronoms infixes sont placés entre* RY *et le verbe.*

VIEUX-GALLOIS

Cf. page p. 8-9 :

2ᵉ pers. sg. : *Ri-t-pucsaun* mi de Trintaut (Ms. de Juvencus).
.3ᵉ pers. sg. : *Ri-t-ercis.*

GALLOIS-MOYEN

Sg. 1ʳᵉ pers. :

Cf. page p. 15 :

> *Ry-m-dywod* huimleian (*L. Noir*).
> *Ry-m-divod* gvyllan
> *Ri-m-dyuueid* huimlian (*id.*).
> Deus reen *ri-m-aw* y auen (*id.*).

Ibid., p. 29 : *ri-m-artuad.*
Ibid., p. 60 : *ry-m-un* gulat *ry-m-un ry-m-dyre* (*L. Aneur.*).
Ibid., p. 44-45 :

> *ry-m-awyr* dy wedi (*L. Tal.*).
> *ry-m-gwares* dy voli (*id.*).
> *ry-m-awyr* titheu (*id.*).

Ibid., p. 34 : *ry-m-afei* (*id.*).
Ibid., p. 63 : *ry-m-gelwir* kyfrwys (*id.*).
Ibid., p. 19 : llam *ry-m-daerawt* (*L. Rouge*).
Ibid., p. 20 : *ry-m-rotes* (*Myv. arch.*).
Ibid., p. 21 : *ry-m-goreu* (*id.*).
Ibid., p. 23 : *ry-m-gwnaeth* yn athrist (*id.*).
Ibid., p. 25 : Rodri mawr *ry-m-lloves* (*id.*).
—   *Ry-m-goreu* (*id.*).
—   *Ry-m-dirwnaeth* (*id.*).
Ibid., p. 47 : Duw *ry-m-roddwy* (*id.*).
Ibid., p. 62 : *Ry-m-ergyt* oer godet (*id.*).

En prose, le pronom infixe, en général (voir plus bas B), précède *ry*.

SG. 2ᵉ PERS.

Revue Celt., 1908, p. 16 :

> ny-th-adwaen *mi ry-th-welas* [1] (*L. Noir*).

Ibid., p. 107 : Duw *ry-th-peris* (*L. Tal.*).
Ibid., p. 22 : Llywelyn, Llywarch *ry-th-ganas* (*Myv. arch.*).
Ibid., p. 58 : ny kusc Duu pan *ry-th-guaret* (*Peniarth ms.*,29).

SG. 3ᵉ PERS.

Le pronom infixe de la 3ᵉ pers. est *i(e)*, *s. i* et *d*.

a) *ro* + *i* donne *rwy* (plus rarement *ryw* ; cf. *nwy*, *nyw*).

p. 18 :

> Avacdu
> Detwyd Dovyd *rwy goreu* (*L. Tal.*).

Ibid., p. 34 : *Rwy keissut* kystud.
Ibid., p. 40 : *Rwy gobrwy* gordwy lain (*L. Aneurin*).
Ibid., p. 20 : gwae *rwy golles* (*Myv. arch.*).
Ibid., p. 23 : Dadolwch teyrn...

> Gwyr Prydein *rwy goruc* (*id.*).

Ibid., p. 24 : ny wtant cwt ant *rwy cotes* (*id.*).

> ny mad gogant molyant *ruy moles* (*id.*).
> — Gwin a met a metgyrn *rwy meith* (*id.*).

Ibid., 25 : Glyw Prydein *rwy proves* [2] (*id.*).
Ibid., p. 56 : Kywirdoeth *rwy gwel* brad annel bryd (*id.*).

b) *ry avec s* :

Revue Celt., 1908, p. 35 :

> reith *ry-s-catwn* (*L. Tal.*).

Ibid., p. 60 : Rec *ry-s-iolaw* (*L. Noir*).

---

1. Il faut vraisemblablement lire :

> *nu ryth welas.*

2. Le pronom ici est neutre.

Rev. Celt., 1908, p. 42 : yn anhun anhed kyd *ry-s-port[h]wyf* [1].
Ibid., p. 47 : Rex *ry-s gollychuyf* (*id.*).
Ibid., p. 49 : *Ry-s-molaf* om cert (*id.*).
S infixe est surtout commun avec la négation et *ry* (v. B).

c) *t pronom infixe* (et *d*).

Il est probable que dans l'expression *rit ercis* du poème du ms. de Juvencus, *t* est un infixe (*Revue Celt.*, 1908, p. 8-9).
Dans ce vers de Taliessin, *t* est certainement un pronom infixe par prolepse :

183. 17 :

        yn drws *ry-t gweleis* y wyr lletrudyon

« A la porte je vis des hommes rouges de sang. »

Cf. p. 22 :

        ry-d anvones duw
        Dyn yn myd ae gwares (*Myv. arch.*).

Ibid., p. 61 : *Ry-t ebrwydaf* drut (*id.*).
Myv. arch., p. 188. 2 (Cynddelw) :

        Ry-d erwyll rwyf dreic rodolyon eirchyeid
        Ry dalant eu rotyon

« Il reçoit, lui, le chef dragon, les solliciteurs errants ; eux lui paient les dons qu'ils reçoivent (en poésie). »

Erwyll doit être lu comme *ervyll* de *arfolli* ; c'est un reste d'une orthographe où *w* représentait la spirante labiale *v* comme dans le *Livre Noir*. L'exemple n'est pas sûr, *darfolli* pouvant exister.

Myv. arch., 215. 1 (1ᵉʳ tiers du XIIIᵉ siècle) :

        Ry-d arveit aervleit eurvlaen rodawc
        arvogyon dragon dreic llys eurawc
        Ry arveityaf naf...

---

1. Ma traduction est à rectifier légèrement pour le mot à mot : *dans l'insomnie quoique j'aie supporté le trouble* (*an-hed* est le contraire de *hed*).

« Il assaille, lui, le loup du combat, au bouclier doré, les dragons armés, lui le dragon (chef) à la riche cour; je l'assaillerai le souverain... »

Le contexte montre que le poète l'abordera sans crainte pour avoir le prix de ses vers.

L'opposition de *ryd arveit* et *ry arveilyaf* ne laisse guère de doute sur la valeur de *d* (*t*).

Myv. arch., 216. 1 (il s'agit de Dieu) :

> Gwyr ren an reid *ryt iolawr* heb daw
> Rac yn periglaw heb periglawr.

« Roi des hommes, notre besoin on te le réclamera sans cesse (sans nous taire) de peur d'être en péril sans directeur. »

Le *t* de *ryt*, dans ce poème, représente plutôt la spirante dentale sonore exprimée aujourd'hui par *dd*. Cette lecture est confirmée par une autre version de ce poème (*Myv. arch.*, 180. 1) attribué à Cynddelw :

> Gwyr reen imreit *ryd iolaur*.

Ici *d* représente également *dd*. Ce fait est intéressant : on a, en effet, en gallois, deux particules verbales d'origine sûrement pronominale *yt*, et *yđ* (cf. *ys-it* et *ys-yđ*).

Dans les vers suivants du *Livre d'Aneurin*, *yt* joue incontestablement le rôle d'un pronom relatif :

60. 26 :   o'r sawl *yt gryssyassant* Gatraeth,

« De tous ceux qui marchèrent en hâte à Catraeth. »

Id., p. 96. 25.

81. 19 :   o drichant riallu *yt gryssiassan.*
90. 11 :   or sawl *yt gyrhaedei* dy dat

« De tous ceux qu'atteignait ton père. »

Yt joue ici le rôle que joue *a* ailleurs.

Le caractère pronominal de ces particules est encore facilement reconnaissable dans plusieurs exemples du gallois-moyen de la plus ancienne époque.

114 *J. Loth.*

Il n'est pas invraisemblable qu'un *t* pronominal soit joint à la particule *a* dans ce passage du *Livre Noir* (p. 53, vers 15, 21, 24) :

> Boed emendiceid ir guit
> *attinvis* y ligad in y wit.

« Qu'elle soit maudite l'oie [1] qui a enlevé son œil au milieu de son visage (à Gwallawc). »

Il n'y a aucune raison, en dehors de la composition avec un suffixe, pour supposer une raison de pure orthographe : le *t* représente bien dans le *Livre Noir* le *dd* actuel, mais, en revanche, *d* représente l'explosive dentale sourde actuelle *d*, qu'on eût justement attendue avec la particule verbale *a*. On a également deux *t* et *t* simple avec *a* dans d'autres passages (20, 22, 29).

> awallen peren *attif* (qui croît),

(cf. *atif*, *atiff*, p. 19, vers 3, 11, 24 ; 20, 1, 14).

On a un pendant à *attinvis* dans ce passage des *Anc. Laws*, I, p. 390. 50 *namyn y dillat creulyt at torrer a heyrn*, « si ce n'est les vêtements ensanglantés qui auront été coupés par le fer ».

Il semble qu'il y ait un pronom infixe, peut-être -*n*-, ou -*s*-, dans ce vers du XIIIe siècle :

Myv. arch., 223. 1 : Celfyddyd ym myd *ry medraf*

« L'art (poétique) je le pratique ? »

M dur est assuré par la *cynghanedd*.

Pluriel Ire pers. :

Cf. p. 48 :

> *Ry-n-gwarawt* y Trintawt or trallawt gynt (*L. Tal.*).

---

1. L'interprétation *guit* par *oie* paraît assurée par le passage de Taliessin (149. 19) :
> Gwallawc, gwell *gwyd vwyt noc arthes*

« Gwallawc, elle est meilleure la chair de l'oie que celle de l'ourse. » Le texte de Skene porte *arthles*, mais *arthes* est assuré par le contexte et une version de la *Myv. arch.* 56. 1.

Rev. Celt., 1908, p. 38 :

> *Ry-n parassei* Duw heb dim eisseu (*Myv. arch.*).

2ᵉ PERS. : je n'en connais pas d'exemple.

3ᵉ PERS. : *s*, *ĭ*(e), *t*(?) servent aussi bien pour le pluriel que pour le singulier (voir plus haut à la 3ᵉ pers. du sg.). On a probablement affaire à un pluriel avec *rwy* dans ce passage du *Livre de Taliessin* (*Revue Celt.*, 1908, p. 37) :

> y ren *rwy digonsei*.

B. RY *avec pronom infixe précédent.*

C'est la règle en prose et aussi quand *ny* précède : c'est à *ny* que se rattache le pronom.

SG. 1ʳᵉ PERS. :

Cf. p. 16 :

> Owein Reged *am ryvaeth* (*L. Noir*).

Ibid., p. 40 :

> Kerydus wyf na chyrbwyllwyf *am rywnel* da
> $\qquad$ (*L. Tal.*).

Un passage de Taliessin est curieux (187. 2 : *Revue Celt.*, 1901, p. 29) :

> a chein tudet
> imi ry anllofet

« Et de beaux manteaux m'ont été donnés. »

Il ne faut que quatre syllabes ; *imi* est donc de trop. D'un autre côté, le sens exige un pronom infixe de la 1ʳᵉ pers. du sg.; la correction s'impose :

> a chein tudet
> *ry-m-anllofet.*

C'est l'usage ancien et c'est sans doute ce que portait le texte primitif.

Cf. p. 20 :

> am gledyfrut rwyf *ym rygoded* (*Myv. arch.*).

Cf. p. 13 :

>   ac am vym priawt *ym rylygrwys* (**Mabin.**).

SG. 2ᵉ PERS. :

Cf. p. 21 :

>   mal *yth rygeiseis* yd yth geisaf (*Myv. arch.*).

Ibid., p. 54 : *o'th ryledir* (*L. Rouge*).
Ibid., p. 13 : llawer dyd *yth rygereis* (*Mabin.*).

SG. 3ᵉ PERS. :

Les pronoms sont ĭ(*e*) et *s*.

a) ĭ(*e*) :

Cf. p. 21 :

>   Kynmot ar creaudyr *ae rygreas* (*Myv. arch.*).

Ibid., p. 42 :

>   ac ny meddylio a *ruy dirpero* (*id.*).

Ibid., p. 35 : Rei *ae ryvolei* (*id.*).

b) *s infixe* :

Ibid., p. 55 : *nis rydraeth* (*L. Noir*).
>   — kywoetheu ri nis *r[y]draeth* (*id.*).
Ibid., p. 50 : barvawc or cant *nys rywelyd* (*L. Rouge*).
Ibid., p. 24 : nawved ran ym poen...
>   *nys ryborthes* nep (*Myv. arch.*).
Ibid., p. 41 : vy rin a riein *nys rybuchwy*
>   nys gwybyt rewyt *nys ry gelwy* (*id.*).
Ibid., p. 56 : Keneis dy volyant val *nas ryganant* (*id.*).
>   — mor ddiffaith *nis ryddiffawdd* (*id.*).
Ibid., p. 11 : *nas ry creus* tat (*Anc. Laws*).
Ibid., p. 9 : *nas re creus* ew (*id.*).
Ibid., p. 32 : a phei *as ryattei* (*Hanes Gr. ab Cynan*).
Ibid., p. 32 : pan *y ryattei* (*Mabin.*).
Ibid., p. 37 : yn y wlat *nys rywelsei* (*id.*).
>   — *nys ryglywssei* (*id.*).

Cf. plus haut, p. 39 : nyt oes ar y helw namyn yr unty hwnn *nys ry dycko* (*id.*).

Pour *a* précédant *ry*, v. plus haut.

PLUR. 1re PERS. :

Cf. plus haut, p. 31 :

> o hil Ade ac Abrahe *yn ryanet* (*L. Tal.*).

Ibid., p. 57 : an ren Duw *an ryamwc* (*id.*).
Ibid., p. 23 : Parth ar gwr arwr *an ry warawd* (*Myv. arch.*).

Myv. arch., 254. 1 :

> Byth am walch rwydvalch *ry-n-doeth*
> Treis galar,

« Pour toujours au sujet du faucon au vol orgueilleux et rapide nous est venue une violente douleur. »

PLUR. 2e PERS. : pas d'exemple avec *ry*.

3e PERS. : mêmes suffixes qu'au singulier.

Dans ces deux passages du Livre noir (cf. plus haut, p. 53), la particule de réciprocité est entre *ry* et le verbe :

> racod *ni ry-imgelir*..

Ibid., p. 44 : nac im adneirun, neu *ri-m-uaredun*.

Dans la construction de *ry* avec l'infinitif, comme on devait s'y attendre, le pronom précède les particules (cf. plus haut, pp. 64-67).
En l'absence de tout pronom infixe, la relation avec *ry* a été indiquée par l'adoucissement de la consonne initiale suivante.

4° *Influence de* RY *sur la consonne initiale suivante* : RELATION ET NON-RELATION.

La règle donnée par les grammairiens à ce sujet, est que *ry* adoucit la consonne suivante, c'est-à-dire, que *p t c* deviennent *b d g*, que *b d g* évoluent en spirante correspondante, *v đ* (*g* finit par disparaître) ; que *m* évolue en *v*, *gw*- en *w*-. C'est la règle qui prévaut déjà dans la plus ancienne prose galloise, qu'il y ait relation ou non.

Cf. plus haut, p. 11 (*Anc. Laws*, I, 456. 74) : os *ry gavas* kynno hynny.

— Ef *a rygafas y hamobyr* (*ibid.*, 528. 48).
— ony *ry dalawd* hitheu y hamobyr (*ibid.*).
— y neb *ry ladawd* y ki (*ibid.*, 11, 92, 140).
— Ema nu ny *ry wadus* er amdyffynnur (*ibid.*, 166, 49).

Souvent la mutation n'est pas faite, sans qu'il y ait à cela de raison grammaticale d'aucune sorte :

Ibid., p. 11 (*Anc. L.*, 208. 7) :

y tat *ry gwadus* ynteu,

mais *ibid.*, 234. 24 :

e sef *re weles* e kevreyth

p. 13 (*Mabinog.*, 18) :

och... *neu'r golles* y mab,
— *neu'r gavas* ef ew (*ibid.*, 71),
— ac am vym priawt yn *rylygrwys* (*ibid.*, 115),
— *neu'r golles* oll, heb hi (*ibid.*, 185).

p. 26 (*Anc. L.*, 11, 96. 15) :

y swydawc *rygaffal* y nawd,

p. 32 (*Hanes Gr. ab Cynan*, p. 120).

a phei *as ryatei.*

(*Mabinog.*, p. 116),

pan y *ryattei.*

p. 36 (*Anc. L.*, I, 112. 5):

o dervit er din *rebrivasei*, gurthot e lluden (ici mutation non écrite).

p. 39 (*Mabin.*, 99),

Kyt *rywnelych* di sarhaedeu llawer.

En poésie, les choses sont plus compliquées. Pour les particules, il n'est guère douteux qu'elles n'aient été soumises aux mêmes lois qu'en vieil-irlandais. Il y en a des traces pour *dy-*, *wo-*, *wor-*, *er-*. L'état ancien est plus reconnaissable pour *ry-* en poésie. Strachan, qui a vu juste sur ce point [1], a été trop affirmatif pour la négation au point de vue de l'usage en gallois-moyen. D'ailleurs pour la négation, et même pour *ry-*, ses matériaux étaient insuffisants. Je traiterai la question de la négation et des particules dans un des fascicules suivants de ces *Questions de gr. et de ling. britt.* Les documents sont moins abondants pour *ry* que pour la négation. Ils sont néanmoins suffisants pour arriver à des conclusions inattaquables.

J'étudie d'abord la particule *ry-*, à ce point de vue, dans le *Livre Noir*, le *Livre d'Aneurin*, le *Livre de Taliessin*, la partie du *Livre Rouge* publiée par Skene. J'y joins les poèmes de la *Myv. arch.* du XIIe et du XIIIe siècle : c'est, en somme, la même langue que celle de ce qu'on a appelé les vieux Livres. Les différences ne s'accentuent guère que dans le cours du XIVe siècle. On sait qu'en général la poésie est conservatrice et archaïsante, tout en étant hardie dans ses constructions et à certains points de vue novatrice. La poésie galloise était le patrimoine officiel des bardes et était l'objet d'un enseignement traditionnel qui n'a cessé de produire son effet qu'à la chute complète de l'indépendance galloise qui justement a eu lieu à la fin du XIIIe siècle.

La source manuscrite de la plupart des poèmes de la *Myv. arch.* est connue : je l'ai signalée dans la *Revue Celtique* (tome XXIV, p. 13). Il y a, pour ces poèmes, deux dangers à éviter. D'abord, il y a des erreurs d'attributions et de chronologie. Elles sont, en général, possibles à corriger par l'étude du contexte. J'en ai relevé le plus grand nombre dans ma *Métrique galloise*, surtout tome II, 1re partie, *passim*. Un autre écueil, ce sont parfois les rajeunissements orthographiques

---

1. Ériu, III, part I, pp. 20 et suiv. Comme il le reconnaît, j'avais déjà dans *Archiv f. Celt. Lek.*, I, 418, attribué à la présence d'un pronom infixe (*s*) la dualité de formes : *dy-gynnull* et *dy-chynnull*. Le présent travail aurait commencé à paraître en 1906, si le manuscrit n'avait pas été égaré pendant deux ans chez l'imprimeur.

qui ne sont pas toujours logiques, ni faits avec méthode : il y en a de fautifs. Enfin, il ne faut pas oublier que l'orthographe sincère elle-même n'obéit pas à des règles fixes. Souvent la mutation, qui existait dans la prononciation, n'existe pas dans l'écriture. L'allitération, quand elle a lieu, devrait y remédier, mais il ne faut pas perdre de vue qu'elle est loin d'être aussi rigoureuse au XIIe, au XIIIe, et même au commencement du XIVe siècle, qu'elle ne l'a été dans la suite, en particulier au XVe (J. Loth, *Métrique gall.*, II, 2e partie, pp. 1-64).

Au cas où *ry* est suivi d'un pronom infixe, c'est le pronom et non *ry*, en général, qui provoque la mutation. Il y a cependant au moins deux exceptions pour *rwy* (*ro* + *i*) : *Myv. arch.* 160 (Cynddelw) :

> Gwae *rwy golles*

317. 2 (XIVe) : *Rwy gaffwyf* (vy rwyf…) kyn bed [1].

Il faut remarquer que dans le 1er exemple, *ry* est en position relative.

On peut formuler ainsi la règle de l'influence de *ry* sur la consonne initiale suivante, en *poésie*, au XIIe siècle : RY aspire *les explosives sourdes, quand cette particule ne peut être remplacée par le relatif* A, *ce qui se produit le plus souvent en tête de la proposition* ; RY *adoucit la consonne sourde suivante et change les explosives sonores en spirantes sonores quand elle peut être remplacée par le relatif* A.

Si je base cette règle sur l'emploi de la particule *a*, c'est qu'il y a en gallois, comme en cornique et en breton, nombre ds cas où on a affaire à une proposition relative, tandis que dans d'autres langues, il n'y aurait aucune trace de relation. Prenons ce vers du XIIe siècle (*Myv. arch.* 187. 2) :

> Rhiallu *ry allas* yg crein

« des milliers [2] roulèrent à terre ».

---

1. Le texte porte *vy rwyc*, faute certaine d'après la rime : « Que je le trouve, mon roi, avant la tombe. »

2. *Rhiallu* signifie proprement 10.000. Le sens précis de *crein* (*crain*) ne me paraît pas tout à fait assuré.

Supprimons *ry* : il faut en prose *a* : rhiallu *a allas*. En effet, c'est un reste de l'ancienne construction : *is rhiallu a...*

Le changement de *gallas* en *allas* est donc ici justifié.

Dans le cours du XIIIe siècle, l'aspiration des sourdes initiales sous l'action de *ry* disparaît. Le dernier exemple que j'en aie relevé est du premier tiers de ce siècle. Il se trouve dans un poème de Llywarch ap Llywelyn, surnommé *Prydydd y moch*, adressé au roi Llywelyn ab Iorwerth qui mourut en 1246. Il y est fait allusion aux expéditions de ce roi à Caerfyrddin et Cilgerran, lesquelles eurent lieu vers 1215 (*Méir. gall.*, II, 1, p. 102, note 2). Le poème a dû être composé peu après. En revanche, il y a des exemples de la conservation de l'explosive sonore après *ry*, en cas de non-relation, jusqu'à la fin du XIIIe siècle ; au commencement du XIVe, la loi de l'adoucissement est générale. Le rôle 'de *ry* d'ailleurs, à cette époque, est de plus en plus restreint. De plus, pour les raisons données plus haut, sous l'influence de la particule *a*, les cas où l'adoucissement s'imposait étaient de beaucoup les plus nombreux. La notion de relation [1] était profondément troublée par des constructions comme celle que j'ai mentionnée plus haut (*rhiallu ry allas*).

A) ASPIRATION DES EXPLOSIVES SOURDES ET MAINTIEN DES EXPLOSIVES SONORES : *p t c* deviennent *f th ch*; *b d g, m, gw, ll* sont maintenus ; il en est sans doute de même de *rh* sourd, mais l'orthographe ne le représente que très tardivement [2] ; *rh* ne paraît avoir été en usage régulier que dans le cours du XVIe siècle. Il n'existe d'ailleurs pas en Glamorgan.

S'il y a des exemples d'adoucissement avec *ry* en position non-relative, en revanche, dans tous les cas certains d'aspiration que j'ai recueillis, *ry* n'est pas en position relative. L'as-

1. La relation est loin d'être exprimée d'une façon aussi simple en poésie qu'en prose : voir additions et remarques à l'*Introduction* de Strachan, dans un prochain numéro de la *Revue Celtique*.

2. Dans les poèmes de la *Myv. arch.* où l'orthographe est rajeunie, on trouve *rh* : poème de Cynddelw, p. 190-191 ; — Dafydd Benvras, p. 217-224 ; — Einyawn wann, p. 232-233 ; — Einyawn ab Gwgawn, p. 235.2; 236-247. 1 ; — Elidr Sais, p. 240-243 ; — Gruffudd ap yr Ynad Coch, p. 267-275 ; Gwilym Ddu, p. 273-277 ; — Gruffudd ab Maredudd, p. 293-

piration tend à disparaître de bonne heure, comme je viens de le dire. Il y a, il est vrai, postérieurement des exemples de conservation de l'explosive initiale après *ry* pendant tout le cours du XIIIᵉ siècle.

Livre Noir, 6. 25 : *ry-cheidw* y naut [1].

Probablement aussi 6. 24 :

rychlud clodrit

« Il amasse, lui, riche en gloire [2]. »

L. Noir, 6. 26 : *Rycheduis* detyf, *ry chynis* gretyw [3].

25. 28 : *Ry-llettaud* y wir ew tra thir Mynwy [4].

38. 6 : a chid *ri-llethid* vy lledysseint [5].

47. 7 : Ren new *ryphrinomne* di gerenhit [6].

58. 24 : *Ry gelwid* Madauc-kyn [n]oe leith [7].
Ruid galon.

L. Taliessin, 110. 22 : Hyt pan *ry chatwyf* vyn teithi [8].

128. 17 :   *Ry treghis* eu hoes [9].

131. 14 :   *ry phrydaf* y iawn llin [10],
Parahawd hyt ffin
yg kynelw Elphin.

---

309. En revanche, chez tous ces poètes, quand l'orthographe est sincère, on ne trouve jamais *rh*. A partir de la page 327, dans le cours du XIVᵉ siècle, l'orthographe est régulièrement modernisée. Dans le *Livre rouge*, dans des poèmes de la fin du XIVᵉ et du commencement du XVᵉ siècle (par exemple ceux de Iolo Goch), on ne trouve pas *rh*.

1. Cf. plus haut, p. 60 : cf. *ibid.* pour l'adoucissement *ry-geidw*.

2. *Rychlud* paraît porter sur *rut eur*, d'or rouge, qui précède « amasse et le répand », *dyrllit*.

3. *Ibid.*, 1908, p. 16.

4. *Ibid.*, p. 48.

5. *Ibid.*, p. 27.

6. *Ibid.*, p. 44.

7. *Ibid.*, p. 28.

8. *Ibid.*, p. 40.

9. *Ibid.*, p. 18.

10. *Ibid.*, p. 48-49.

162. 6 :   Ryt ebrwydaf drut[1]
              Ry talmaf ehut.

174. 9 :   neu *rygigleu* gan prophwydeu lleenawc
              Geni Iessu *a rydarfu*[2].

185. 30 :   can *rychedwis*[3]
              Parch ach vinnwys

« Puisqu'il a conservé... »

194. 3 :   *Rybarn* pawb y gwr banher[4].

193. 19 :   *Rychanant rychwynant* eu dragon[5].

      25 :   *Rydysyfaf rychanaf* y wledic[6].

215. 16 :   *Ry goruc* Duw vry[7]
              Ary planete.
              Ry goruc sola
              Ry goruc luna
              Ry goruc marca
              Ry goruc venus
              Ry goruc venerus
              Ry goruc severus
              Ry goruc Duw da
              Pymp gwregys terra.

216. 11 :   *Ry goruc* vy awen[8]
              y voli Uryen.

Livre Rouge :

235. 6 : Pan dyvo y gwynn gwann y holi Llundein
            yar veirch nyt kein
            Rygeilw ef deyrnas Caergein[9].

1. *Ibid.*, p. 61.
2. *Ibid.*, p. 17.
3. Le texte est incertain.
4. *Ibid.*, p. 57.
5. *Ibid.*, 1908, p. 49.
6. *Ibid.*, p. 49.
7. *Ibid.*, p. 18.
8. *Ibid.*, p. 18 : il faut dire *u'awen*.
9. *Ibid.* Le sens n'est pas sûr ; le texte semble douteux : une version porte : *ni cheidw dinas Caergein*, « il ne gardera pas la ville de Caergein ». *Caergein*, en gallois, paraît désigner Canterbury.

« Lorsque la faible pâle viendra pour réclamer Londres sur des chevaux qui ne sont pas beaux, il appellera royaume Caergein. »

284. 9 (Élégie de Cynddylan) :

> *Ry gelwir* Trenn tref difawt [1].

12 : *Rygelwir* Trenn tref lethrit.

Myv. arch., 122. 2 :

> Gnawt *rycheidw* cuniad cenveint

« C'est chose habituelle : le chef garde la communauté. »

133. 2 : ossidd arf y Mon *ryphebyllas*
Maelgwn hevelyit

« S'il y a des armes [2], en Mon a planté sa tente l'émule de Maelgwn. »

149. 1 : *can rygallas* Duw draig Powys

« Puisqu'il est allé à Dieu le dragon de Powys. »

> — *ry llofies* yntef [3]
> undawd gyfadef.

154. 1 : *Rybydei* fau faith ragor
rybydwn ben cerd ben cor.
— *Rybydei* fau fed anhun
Rybydwn ben cerd ben cun [4].

157. 1 : *Rygelwir* gelyn agkyfyeith

« On appellera ennemi l'étranger. »

249. 1 : *Rygoruc* Duw deu henevyt oe ffleid [5].

« Dieu a fait pour elle deux seigneurs (*conseillers*). »

---

1. Cf. p. 54.

2. Le texte paraît altéré : peut-être *ossid darf*, s'il y a mise en fuite (*tarf, tarfu*).

3. Cf. p. 20.

4. *Ibid.*, p. 35.

5. Le texte porte *heuenyt*, à corriger sûrement en *henevyt* (gallois

157. 1 :   *Ry talaf* ym rwyf om rwylweith molawd [1].

180. 2 :   *Rybu* Erthyst ynn *rybu* Arthur [2]
           Rybu Ulkassar
           Rybu Vran
           Rybu Ercwlf.

186. 2 :   *Rygallas* rec dinas racdut [3].

194. 1 :   a garo Dewi...
           Rygelwir ef yn goeth [4].

194. 2 :   ni *rybydwn* ofnawc

« Nous ne serons pas craintifs. »

195. 1 :   *Ry meddylieis* y hynn

« J'ai médité ceci. »

205. 1 :   *Rychwynant* anant anhawt goll teyrn [5].
210. 2 :   *Rygelwir* rann varw rann vawr

« On appellera la part du mort une grande part. »

227. 2 :   *Rycherir* yn hir yny heruyt
           Hi yn vam uy thad

« On l'aimera longtemps à cause de lui, elle qui est mère
de son père... [6] »

226. 2 :   Ry *chyngein* Prydein yn dibryder [7].
           — Ry *molant* anant anaw kymer [8]
           Ry *molir* y wir y orober.

234. 2 :   balch y gelwir
           Rygelwir ar tir ar teiror Prydein
           Gwr urtein gwrhyd por

moderne *henefydd* ou *hynefydd*). Le sens propre est *senior, alderman*. Il s'agit
du monastère de Saint-Cadvan.
   1. Cf. p. 51.
   2. *Ibid.*, p. 23.
   3. *Ibid.*, p. 24.
   4. *Ibid.*, p. 54.
   5. *Ibid.*, p. 51.
   6. Il s'agit de la Vierge Marie.
   7. Cf. p. 61.
   8. *Ibid.*, p. 64.

« Fier il sera appelé, oui, fier, on l'appellera par la Bretagne, aux trois coins du pays... [1] »

240. 2 :   *Rybyt* urtedic a urto vy ner

« Il sera honoré celui qui honorera mon maître. »

240. 2 :   ni *rybum* gerdennin[2].

246. 2 :   *Rybo* Duw...

248. 1 :   ... heb vy rwyf ny *rybydaf*
anwas *rygallas* pan rygolled.

Cet exemple est douteux, le sens n'est pas clair.

255. 2 :   Trist wyf treis Duw *ry gallas*

« Je suis triste, la violence de Dieu l'a frappé (est venue à lui)[3]. »

Le sens est douteux ; cet exemple est de la seconde moitié du XIIIe siècle.

Les deux exemples précédents sont dans des poèmes adressés à Ywein ap Gruffudd ab Gwenwynwyn, prisonnier du roi d'Angleterre et relâché en 1278 (*Métrique gall.*, II, 2, p. 104, note 1, lignes 6-9).

B) Adoucissement des explosives sourdes et aspiration des explosives sonores et de *m* et *gw*.

Avec la négation, l'adoucissement est de règle (voir plus

---

1. Il est possible que *ry gelwir* ait pour sujet *gwr urtain gwrhyd por* « le héros de dignité, le maître de la vaillance. »
2. Cf. p. 20.
3. Cf. *L. Rouge*, 269. 26 :
gwac vyllaw llam *rym gallat*
274. 9 :   anrec *rym gallat*.
« Un présent m'est venu. »
Dans ce passage de la *Myv. arch.* 225. 2, le sens est douteux (*marwnad* de Gruffudd ab Ednyfed) :
Enwir i'w angen, angeu drwydded
Anwas *rygallas* pan rygolled.
Le *g* est conservé surement, d'après la *cynghanedd*.

haut, p. 28). Il en est de même, quand le pronom infixe précède *ry* ou quand *a* relatif précède (v. plus haut, p. 24).

C'est également la règle avec *neu*, surtout dans la liaison *neu'r* (*neu* + *ro*), et aussi avec *py* (*pyr*).

De même généralement après *pan*, lorsque.

1° Ry *est en fonction relative.*

L. Noir :

45. 28 :   nid porthi ryvic *ryvegeis*[1] im bron
            nid porthi penid *ryvetyleis*
            In adaud wy ren *rydamuneis*
            Rydid im eneid, reid *ry iole*[*i*]*s*.

56. 23 :   nyth adwaen *ni ryth welas*[2].

L. Aneurin :

85. 1 :   aer dywys *rydywys* ryvel[3].

86. 27 :   a gwyr Nwython *ry gollessynyo*[4].

91. 3 :   Gweleys y deu oc eu tre *ry gwydynt*[5].

98. 26 :   gwyr gorvynnaf *ry annet*[6]
            En llwrw rwydheu *ry gollet*.

L. Taliessin :

177. 17 : Bu haelhaf berthaf *or ryanet*[7].

    31 :   mab Duw dinas...
            o hil Ade ac abrahe *yn ryanet*[8]
            ... llu *ryanet*.

180. 6 :   Ti a nodyd a *rygeryd* o pop karchar[9].

---

1. Cf. p. 16.

2. *Ibid.* : j'ai lu *ni* au lieu de *mi* du texte : paléographiquement *nu* explique mieux la faute du copiste (*moi qui l'ai vu maintenant*).

3. *Ibid.*, p. 60 : il faut probablement traduire : « *il est la tête* du combat lui qui dirige la guerre ».

4. *Ibid.*, p. 37.

5. *Ibid.*, p. 33.

6. *Ibid.*, p. 27.

7. *Ibid.*, p. 29.

8. *Ibid.*, p. 29.

9. *Ibid.*, p. 47.

190. 11 :   neu ti *rygosteis* kyn bwyf teu [1].

L. *Taliessin* :

195. 27 :   gan teyrn goreu [2]
            Haelaf *ry gigleu.*

204. 30 :   amhanogan ri [3]
            Rygeidw y teithi.

211. 8 :   Ry thrychynt *rygyrchynt* yg cledyfar [4].

214. 13 :   a *ryweleis* a *rywełeis* o agkyfyeith.

L. *Rouge* :

221. 4 :   y kerdeu *rydraethassam* [5]

« Nous avons exposé les poèmes... »

221. 8 :   Gwlat Kadwallawn wryt mawr
            Pedryvael byt *ryglywawr*

« La puissance de Catwallawn à la grande vigueur, sera connue aux quatre coins du monde. »

227. 10 :   Ef a gyfyt un or chwech
            a *ryvu* yn hir yn llech

« Se lèvera un des six qui a été longtemps caché. »

233. 21 :   y kerdeu rydrigyassant

« Ces poèmes sont restés... »

263. : 2   Ti yn vyw ath tyst *ry las*

« Toi, tu es en vie, et ton témoin a été tué. »

269. 21 :   Penn post Prydein *ry allat*

« La tête, le pilier de Bretagne s'en est allé [6]. »

1. Le sens de *costeis* ne me paraît pas sûr ; je ne crois pas qu'il s'agisse du verbe *costi* ou *costio*, payer, dépenser (emprunt à l'anglais).
2. *Revue Celt.*, 1908, p. 17.
3. *Ibid.*, p. 60.
4. *Ibid.*, p. 5.
5. V. plus haut, p. 5 : en prose, on aurait : y kerdeu *a* draethassam.
6. On pourrait comprendre : la tête du pilier... mais il y a un sinistre jeu de mots entre *penn* ici et *penn* dans les premiers vers de la strophe.

271. 27 :   nys car ketwyr y gas,
              Lliaws gwledic *rydreulyas*

« Les guerriers n'aiment pas sa haine, qui a usé bien chefs » (ou : *il a usé.*)

307. 2 : *Ry brynu[y]* nef, nyt ef synn

« Qui aura gagné le ciel, ne sera pas déçu. »

308. 15 :   ny rydecho *rydygir* [1].

Myv. Arch.

149. 2 :   nyd el yth blegyd neu *ry blygwyd* [2]

« Qui ne vient pas à ta volonté, celui-là est forcé de plier [4]. »

155. 1 :   Torf Lywelyn *rywelais*

« J'ai vu la troupe de Llywelyn. »

160. 2 :   yd oleithid gwr gwrt *ry weled* [3].
178. 1 :   Berth radeu rieu *rygredir*

« Les riches grâces du roi seront crues (on y croira).

180. 1 :   Berthidau riau *rywasgarawr* [4].
147. 2 :   Rym ergyd oer goded

. . . .

Ryfei farw cyn Madawc mad anet [5]

« Je suis frappé par un coup qui me glace, que soit mort le chef Madawc l'heureusement né. »

186. 2 :   Pedeir kynnetyf...
              ar dec *yr dugant* o Veigen

« Quatorze privilèges ils ont rapporté de Meigen. »

---

1. Cf. p. 54.
2. Le prétérit *ry-blygwyd* avec *neu* équivaut à un présent : *il est déjà plié, plié d'avance.*
3. Cf. p. 30.
4. *Ibid.*, p. 54.
5. Le texte porte *cyn Madawc* : il faut lire *cun Madawc.*

187. 2 :   ... ynteu dayar glas
                    Ry allas

« Lui, il est allé dans la terre pâle. »

                         — Riallu *ry allas* yg crein [1].

195. 1 :   Magna vab yn vyw, ae varw deudyt,
                    a Dewi rywelet yny rihyt

« Le fils de Magna, lui mort depuis deux jours, grâce à
Dewi fut vu en vie dans sa splendeur. »

198. 2 :

    Keveis y wyth yn hal pwyth peth or wawd *yr geint*

« J'en ai obtenu huit comme compensation d'une partie de
louange que j'ai chantée [2]. »

299. 2 :   Ef oreu rieu *rygread* [3].
200. 1 :   Teyrnllaw vy llyw *ry ddygwch*

« La main royale de mon chef vous supporterez. »

202. 2 :   Kynna hwn neus gwn nas gweles
                    Dyn y myw or meint *ry ganhes* [4].
203. 1 :   Ef rywr *ryweryd* digreid [5].
204. 2 :   ked
                    Cadwgawn *ry delid*

« Le présent de Cadwgawri a été payé. »

204. 1 :   ..... anaw dibrid [6]
                    myrt *ry wneith*.
208. 1 :   Ef goreu rieu *ry aned*

« C'est le meilleur roi qui soit né. »

                         — Dy gledyf *ry glywssam* ar rod [7].
209. 1 :   Lleveir *ry gwbleir* ny ry gablaf [8].

---

1. V. plus haut, p. 120.
2. Il n'est pas certain que *peth* ne soit pas de trop.
3. Cf. p. 41.
4. *Ibid.*, p. 24.
5. *Ibid.*, p. 61.
6. *Ibid.*, p. 22.
7. *Ibid.*, p. 21.
8. *Ibid.*, p. 57.

214. 1 : Kymro kelvytaf *rywnaeth* Celi [1].

218. 1 : Dy fod falch y rod *ry feddyly*

« Tu réfléchiras que tu es l'homme au bouclier superbe. »

225. 1 : Gruffud arfeu rhudd *rydebygir*,

      . . . . . i Llywarch,

« Gruffudd aux armes rouges sera comparé à Llywarch. »

225. 1 : . . . . . deigr hyd arffed

      am ddifa rhai da *ry ddigoned*

« Des larmes jusqu'à la poitrine ont été abondamment ver-
sées à cause de la perte des bons. »

225. 2 : anaw oi wallaw *rywallofied*,

« La poésie pour qu'il la répande lui a été versée [2]. »

227. 1 : credun im Reen *ry bendigas* [3].

228. 2 : o'r drun *ryloveist* ry lavarwyf [4].

      — Tir ry gymyrth Crist,

« Le Christ a pris possession de la terre... »

228. 2 : ac ys meu erchi...

      kyrreiyeint or meint

      Ry wneuthym [5].

229. 2 : crevyduyr credu *ryunaethant* [6]

      yr creaudyr.

232. 2 : Kyn boed ym oerglat boed ym arglwyt [7]

      Ry dalwyf iawn.

233. 1 : yscwynais nad byw [8]

      Hael or rhwy *rygollais*,

      — ei hoed *ryhorthais*,

« J'ai enduré le regret (de sa perte).

1. *Ibid.*, p. 23.
2. La leçon *wallaw* me paraît douteuse.
3. Cf. p. 3.
4. *Ibid.*, p. 46.
5. *Ibid.*, p. 21.
6. *Ibid.*
7. *Ibid.*, p. 46.
8. Cf. p. 21.

239. 2 :   Ef diveiaf naf *rywnaeth* Dovyt [1].
240. 2 :   Ry ddarfod breu gyfnod breiddin
            Ry ddywawd oi farddwawd Ferddin [2].
255. 2 :   or dirvawr golled
            Ry golleis y nym gellir gwared,

« On ne peut me secourir au sujet de la très grande perte que j'ai faite (que j'ai perdue). »

266. 1 :   Breint teyrnas

. . . .

oe eurglet *ry gafas,*

« Le privilège de royauté, il l'a acquis par son épée à la poignée d'or. »

276. 1 :   Rhen Trindawd a rawd eirf ynghystudd
            Ry uenaethost,

« Trinité qui nous gouverne, tu as fait la prière, armes dans l'affliction [3]. »

318. 1 :   rhodd hael... *ry gafas* amwawd

« Un don généreux il obtint pour sa louange. »

353. 1 :   y cam *ry wnaetham* na rynoetha [4].

Depuis 266, les exemples sont du XIVe siècle. Les exemples n'ont d'importance qu'au XIIIe siècle; à partir de la fin de ce siècle, comme nous l'avons vu, l'aspiration (et le maintien des explosives sonores, de *m* et *gw*) ayant disparu.

2° ADOUCISSEMENT AVEC *ry* EN POSITION NON RELATIVE.

L. Noir, 39. 25 :

Dreic angerdaul, turuf moroet maur meint achupwy
Rywiscuis llaur, am y vyssaur eur amaervy [5].

---

1. *Ibid.*, p. 20.
2. *Ibid.*
3. Je lis *arawd,* mais le sens est douteux.
4. Cf. p. 47.
5. Le sens et la lecture même de *ry wiscuis* sont incertains; *ry wiscuis,* en suivant l'orthographe habituelle du *Livre Noir,* devrait équivaloir au moderne *ry-fysgwys,* il a mêlé, troublé. « Dragon impétueux, bruit des mers immense, tellement il aura pris, qu'il a troublé la terre, lui qui a

L. Aneurin, 92. 1 :   pan *ry godet.*

« Quand il a été irrité »

94. 8 :   pawb pan *rydyngir* yt ball [1].
99. 22 :   Ket et *rylade* hwy wy ladassan [2].

L. Taliessin, 108. 2 :

Gan iewyd gan elestron [3]
Ryganhymdeith achwysson.

110. 3 :   Iolaf, rybuchaf elvyd gwaed [4].

170. 24 :   *Rygadwys* duw dial [5]
ar plwyf Pharaonus.

211. 5 :   Rac daw *ryglywhawr* mawr gyfagar [6].

L. Rouge, 229. 20 :

Pan vo teir ieithawc taeawc [7]

autour des doigts un anneau d'or. » *Amaerwy* signifie proprement *bordure,
frange.* Il est fort possible que *rywiscuis* soit pour *ry-wisgwys* : il a revêtu.

1. Cf. p. 58.
2. Cf. p. 27.
3. *L. Rouge*, 303. 23 :
Gan eunyd gan elestron
Ry ganhimdeith achwysson.
Le sens est obscur, mais il est clair que *ry* n'est pas en position relative :
le sujet de *ry ganhymdeith* est *achwysson* qui est peut-être personnifié.
4. *Revue Celt.*, 1908, p. 50, j'ai laissé *rybechaf*, mais j'ai traduit comme
s'il y avait *rybuchaf*; or dans le ms. 75 de Peniarth (*Report*, I, II, p. 311),
ce verbe a un sens différent : ce passage a été omis dans le texte publié
dans les *Selections from Heng. ms.*, II, p. 347. L'auteur se propose de traduire le credo de saint Athanase : o *herwyd y synnwyr a rodes Duw ymi,
kynnybechwn na chwbyl na pherfeythy traethu peth hyvuch a hynny*, « suivant
l'intelligence que Dieu m'a donnée, quoique *je ne saurais* ni complètement,
ni parfaitement traduire une chose si élevée. » *Bech-* est un verbe extrême-
ment rare, et ne peut se confondre avec *pechu*, pécher. Ici, d'après le contexte, il semble avoir le sens *être capable de...*
5. « Dieu garda (réserva) sa vengeance sur le peuple de Pharaon. » A la
rigueur, il est vrai, on pourrait supposer que *gadwys* représente un prétérit
de *gadu, gadael*, laisser aller, mais ce serait forcé; c'est très peu vraisem-
blable.
6. Cf. p. 54.
7. « Quand il y aura en Mon un vilain à trois langages, et son fils...
Gwynedd sera réputé riche » ; *cunnachawc* ne se trouve pas ailleurs ; s'il n'y
avait qu'une seule *n,* on pourrait supposer un dérivé de *cun-ach,* souche
princière.

>   ym Mon. . . . .
>   *Ryglywawr* Gwyned goludawc.

304. 27 :   ar sawl a gigleu vy mardlvfreu[1]
>   *Ry brynhwynt* wlat nef adef goreu.

Myv. Arch. 133. 2 :

>   Pan *rygreas* Crist Catwallawn,

« Quand le Christ créa Catwallawn. »

178. 2 :   a vo llary llawen *rygyrchir*[2].

188. 2 :   Ryd ervyll rwyf dreic rodolyon eirchyeid
>   *Rydalant* eu rotyon[3].

190. 2 :   *Ry ddyfu* wrhydri hydr afneued[4]
>   Dyfu Crist,

« Il est venu, vaillance audacieuse, sans regret, il est venu
le Christ. »

222. 2 :   Gwae ni oi drengi fal *yr drengis*.

« Malheur à nous à cause de sa mort, de la façon dont il est
mort. »

225. 2 :   anwas rygallas *pan rygolled*

V. page 46, note 3.

246. 2 :   *Rybo Duw*. . . . mais :
>   *Rhy garawr* daerwawr dar ywein,

« Que l'on aime le héros audacieux, de Darywain[5]. »

251. 1 :   Gwae ni *ry allad*[6]
>   Gwalch fyscyad.

---

1. Cf. p. 45 et note 2.
2. *Ibid.*, p. 63. Dans les exemples de ce genre, ce n'est pas *a* que l'on
trouverait en prose, mais la particule pronominale *yt*.
3. p. 62. On peut, à la vérité, ici admettre un lien relatif : « il reçoit
lui le chef, le dragon, les demandeurs errants (ménestrels), *qui eux lui
paient ses dons* (en poésie). »
4. Le sens de *afneued* n'est pas sûr. Cependant les exemples tant de *afneued*
que de *neuaf* (v. Owen Pughe à *neuo*) sont en faveur du sens que je donne.
5. *Darywain* est un nom de lieu ; mais il y a un jeu de mots : le poème
est adressé à Ywein ab Gruffudd ab Gwenwynwyn : *dar ywein*, le chêne
Ywein.
6. « Malheur à nous : il s'en est allé, le faucon qui poursuit. »

252. 2 :   agheu pop rieu diheu y daw
             Egyrth *ry gymyrth y* gam racdaw [1].

306. 1 :   o'r pum torth [2]
             o'r deubysg
             Ryborthes meus Deus duwsul
             ..... bummil.

309. 2 :   *Rywnaeth* saer glod delw ...

317. 2 :   *Rwy gaffwyf* vy rwyf [3]...
             Kynbed.

323. 1 :   *Rywelais* Rufudd [4]
             Rywelais...
             Rhyw haelion hoewon hywel Gronwy

292. 2 :   *Ry garawd* wisgaw ragoreu eglur [5]
             risc odidawç dur.

Un certain nombre d'exemples sont douteux. Tout d'abord, il faut compter avec des mutations non faites, surtout quand la consonne initiale est *d*, ou *r* (v. page 41, note 1). De même naturellement pour *s h.*

L. *Aneurin*, 105. 21 :

           nit atwanei *ri guanai riguanet.*

Ce vers est à corriger d'après la *cynghnedd* :

           nit *atwanei* ri *wanai* ri *wanet.*

En revanche, le sens et la valeur de *ry* sont obscurs dans ce vers :

99. 13 :   nac ysgawt·y redec *rygre.*

---

1. « La mort viendra sûrement à chaque roi; terriblement (cette fois) elle a marché en avant. » Il s'agit de la mort prématurée d'un chef.
2. « Avec les cinq pains, avec les deux poissons, mon Dieu, dimanche, a nourri cinq mille personnes. »
3. « Puissé-je le trouver mon roi avant la tombe ! »
4. « J'ai vu Gruffudd..., j'ai vu, race d'hommes généreux, joyeux, Gronwy qui voit bien. »
Cf. 5. p. 21.

Ce vers de *Taliessin* reste douteux [1] :

116. 25 :   *ry prynom ne...*

En revanche, il faut probablement lire

      ry brynwynt dans :

109. 23 :   ar sawl a gigluen vymbardgyfreu
              Ry prynwynt wlat nef adef goreu,

On a en effet, dans le *Livre Rouge* (v. plus haut, p. 339) [2].
ry brynhwynt.

La valeur de *t* reste incertaine dans ces vers du *Livre Noir* :

8. 12 :   *Ry talud* istedlit...
59. 24 :   maes Gwytneu *ry toes,*
22. 21 :   *Ry dibit* attam ne...
24. 7 :   *Ry dibit* diu mawr
49. 3 :   *ry dieigc* gleu o lauer trum,
39. 5 :   gvae *ry colhuy.*

---

1. Cf. *Livre Noir*, 47. 7 (cf. p. 44) :
      Ren new *ryphrinom* ne di gerenhit.

2. Dans le *Livre de Taliessin*, on peut relever comme incertains :
126. 10 *ry drychafwynt.* — 126. 13 ereill aosceill *ry planhassant.* — 181.
24 cledyf... i daw *rydyrchit.* — 194. 3 Rylyccrawr ; *rylyccrer.* — 202. 17
rydybyd llyminawc. — 2 4. 16 *Ry talas* mab grat.
Cet exemple du XII⁰ siècle est embarrassant :

Myv. Arch. 192. 2 : Kylch kymry *ry kymerassant,*

« Le circuit de Kymry nous l'avons pris. »

On peut lire *ry gymerassant,* mais il est possible qu'ici il y ait un pronom suffixe sous-entendu : *nous l'avons pris.* De plus, si on supprime *ry,*
on se trouve en présence d'un cas où il n'est pas rare qu'il n'y ait aucune
mutation de consonne même en construction relative en poésie.

Il y a aussi des cas analogues dans la *Myv. Arch.* La règle paraît violée
dans ce vers dont le sens est clair (*Revue Celt.*, 1908, p. 49-50) :

      Ry-gyrchant unpeir teir trydar
      Kynnadledd kenedloedd ampar.

Mais l'orthographe est rajeunie et l'œuvre d'un scribe mal avisé. Il y a
une variante qui doit avoir appartenu au texte primitif : *ry-chyrchant.*

Il y a aussi dans cette collection des exemples de mutation non faite ;
d'autres où l'orthographe nous laisse dans l'incertitude.

On peut ici supposer un pronom infixe de la 3ᵉ personne sous-entendu.

De même dans 46. 4 : Dyllit enveir Meir *rymaeth.*

De même, *Livre Rouge,* 303. 9 :

> Merini Brython
> *Rydaroganon.*

Il y a aussi des cas analogues dans la *Myv. Arch.* La règle paraît violée dans ce vers dont le sens est clair (*Revue Celt.,* 1908, p. 49-50) :

> *Ry-gyrchant* unpeir teir trydar
> Kynnadledd kenedloedd ampar.

Mais l'orthographe est rajeunie et l'œuvre d'un scribe mal avisé. Il y a une variante qui doit avoir appartenu au texte primitif : *ry-chyrchant.*

Il y a aussi, dans cette collection, des exemples de mutation non faite ; d'autres où l'orthographe nous laisse dans l'incertitude :

122. 2 :   y volaud rebyt *ry caint,*

(à corriger presque sûrement en *ry gaint*).

206. 1 :   … trin *ryduc*
> *Ry digywys* y gwerin.

Il n'en est pas moins certain que la règle qui n'admet d'adoucissement avec *ry* qu'en position relative est déjà violée dans nos anciens textes. Elle ne survit pas à la fin du XIIIᵉ siècle.

4° Formes de la particule *ry.*

Nous avons vu que *ry* (écrit *re. ri* dans certains textes du XIIᵉ s. [1]), accentué, se réduit à -*r*, en se rattachant à une particule ou même à un mot à terminaison vocalique formant union syntactique avec le verbe qui suit *ry* (v. p. 23, *passim,*

---

1. *L. Noir, ry, ri, re* ; *Anc. Laws,* I : *re* assez fréquent. *L. Tal. ry* ; *L. An. ry* : Gorchan *ri, ry.*

particulièrement p. 25 et suiv.). Les particules sont surtout
neu ; *ac*, *a* conjonction ; *wedy* ; *py* ; *a* relatif [1].

Avec le pronom infixe de la 3ᵉ personne *ï* (*ĕ*), *ro* donne
rwy [2], parfois *ryw* (v. 55, 3, 3°).

Reste à examiner la forme *yr*. Cette forme est à distinguer
du pronom-particule *yr*, de même que *-r* $=$ *ry* est à distinguer de *-r* reste de *yr* que nous allons retrouver dans les formes
o'r, *a'r* ; *or a*, *ar a*.

Tout d'abord, *yr* peut représenter la particule verbale *y* (*yt*,
yd) $+$ *ry* : *Mabinog*, 28 *ac yr gyscwys* : *yr* $=$ *yd-ry*.

Ibid., p. 10 : 　　　*yr ymordiwedeis a hi.*

Ce cas écarté, il reste un certain nombre d'exemples ou *yr*
représente à peu près *-r*- pour *ry* entre consonnes.

L. Aneurin, 95. 11 :

> Lluc *yr duc* ryvel,

« Brillamment, il conduisit la guerre... »

L. Taliessin, 164. 5 :

> gwyar gorgolchei gwarthyfiat
> ac ar wyneb gwyn *yd yr gaffat.*

« Le sang inondait [3]... et il se trouvait (se voyait) sur le
visage blanc. »

164. 14 : pan disgynnwys Owein rac gwenwlat
　　　　yr echwys gore frein bud oe tat.

---

1. A ajouter pour le *Livre d'Aneurin* les intéressants exemples suivants :
(Gorchan Maeldew), 105. 10 :
　　　　　　Civeillt *a'r garat*
(Gododin) 75. 31 : un ara ae leissyar
　　　　ar gatwyt dar bwydryar.

2. *O-i* gallois a une tendance très nette à évoluer en *wy* : *mwy* a été précédé par *môi* ; de même *po-i* devient *pwy* dans *bwy gilydd*, jusqu'à l'autre
(en parlant de deux), *o'r mor bwy gilydd.* Il y a aussi alternance entre *wy* et
yw, *nwy* et *nyw* ; dialectalement entre *rhwy* et *rhyw.*

3. *Gorgolchei* écrit *gorgolchel* ; la forme ordinaire est *gor-olchei*, overwa-
shed. *Gwarthyfiat* a été lu en deux mots : *gwarthyf iat* ; il faudrait probablement lire : *ar warthaf iat*, sur le sommet de la tête : il manque au vers une
syllabe.

La lecture et le sens du second vers sont incertain, mais *yr echwys* est très certainement un verbe au prétérit. On peut, à la rigueur, soutenir que *yr* est pour *y + ry*, mais cet usage est plutôt rare.

L'exemple suivant est douteux :

194. 3 : Kaletach *yr arieith* hael hynt

Arteith peut être un substantif.

Myv. Arch., 156. 2 :

Ewein arwyrein *yr oroei* ar bawb

« Exalter Ewain était nécessaire pour chacun [1]. »

190. 2 : ac ef yn osseb *yr* ossoded,

« Et lui (le Christ) a été placé dans une crèche. »

186. 1 : Cynnytws Powys, per volyant, *yr* pell
nyd pall *yr digonsant.*

« Les hommes de Powys ont conquis une belle louange au loin. Ce n'est pas manqué ce qu'ils ont fait. »

186. 2 : Peder kynnedyf [2]...
ar *dec yr* dugant o Veigen...

193. 2 : Kymhenaf pennaeth *yr wnaeth* Yessu [3].

198. 2 : Keveis y wyth yn hal pwyth peth or wawd *yr geint* [4].

203. 2 : Teyrnas yth law, lid Gereint, nyd chwith [5]
yr chwydad esgereint,

La royauté dans la main, toi dont la colère est celle de Geraint, n'est pas gauche : elle a rejeté les ennemis. »

---

1. Mot à mot : *était forcé* sur chacun : *gor-oet* (*goroedd*) est un imparfait de *gor-fod.*
2. V. plus haut page 43.
3. Cf. *Myv. Arch.* 214. 2 : Kymro kelvytaf *ry wnaeth* keli.
4. V. plus haut.
5 Au lieu de *chwydad*, il faut peut-être lire *chwythad*, de *chwythu*, souffler, éteindre : la *cynghanedd* paraît le demander à cause de *chwith*, mais elle n'est pas à cette époque très rigoureuse ; *chwydu* signifie proprement *vomir.*

222. 2 :

Gwae ni oi drengi fal *yr drengis* [1].

233. 1 :   ... ei hoed
yr bortheis.

247. 1 :

Ni bu yn lledrad ar lledryddion wyr
yr orwydd ar Saesson,

« Ce ne fut pas en cachette sur des hommes à peine libres,
c'est sur les Saxons qu'il triomphe. »

256. 1 :   am *yr dwyn* terrwyn twryf uvel am riw
(le poète exprime la douleur du pays).

« Pour la perte de celui qui était terrible comme le bruit
de la flamme sur la pente de la colline. »

— och *yr vyned* gwr gwrt lew ryvel,

« Hélas, pour la disparition de celui qui était un lion rude
à la guerre. »

yr dans le sens de *pour, parce que*, conserve la consonne
initiale suivante. On a donc bien affaire à *yr* = *ry*.

273. 2 :   ac oi deg wirddelw *yr arddelwych*,

« Et puisses-tu te réclamer de sa vraie image. » Il s'agit de
Dieu.

Le vers de la page 173. 2 paraît présenter un exemple de
yr avec le présent :

Hydyr *yr gerdd* fyngherdd ynghyfiawnder,

mais ce poème se retrouve, avec sa véritable orthographe,
p. 166. 2 :

Hydyr *yd gert* vyg gert ygkyfiawnder.

Il y a en prose quelques exemples de *yr-* = *ry-* notamment
dans les *Anc. Laws* du code de Gwynedd.

1. V. page 134.

I, 150. XI. 24 :   mal *er eistetus* y dit kynt,

« Comme il s'assit le jour précédent. »

Ibid., 234. 26 (vers B, ms. du XIIIe s.) : sef *er edrychus* e kevreyt.

Ibid. : a guedi *er eisteter*, « et après qu'on se sera assis. » Les exemples appartiennent au ms. A qui est de 1200. Les autres mss. ont *yd*. On peut se demander, il est vrai, si *er*(*yr*) n'est pas ici le pronom-particule *yr* ; il y en a un exemple, page 112, dont nous aurons à nous occuper plus bas.

En revanche, *yr* = *ry* est évident dans ces passages : *Anc. L.*, II, 186. 9 (ms. A) : os y haulwr a gymer y mach, tystet y march *yr kymrit* mach o newyd (*Revue Celt.*, 1908, p. 64).

Ibid., II, 78. 100 : yn y welygord arall *yr dodyw* idi « dans l'autre clan auquel elle est venue. »

II, 78. 105 a dywedut mae yn lledrat *yr ducpwyt* y ganthaw ef, « et dire que c'est par vol qu'il lui a été enlevé. »

Il y a une variante *ar* pour *yr* probablement due à une faute de scribe : II, 298. XXXVI-I :

y mae ymi digon ae gwyr *ar gychwyn* ohonat ti yn angyffreithiol ywrthyf.

La variante *ry gychwyn* semble bien indiquer qu'il faut corriger *yr gychwyn* ; peut-être, il est vrai, sommes-nous en présence d'une particularité dialectale [1].

Select. from Hengwrt mss. :

II, p. 138 : ac a ovynnawd udunt o ba le *yr hanhoedynt*, « et il leur demanda d'où ils étaient » ; cf. I, p. 251 : yr awr *yr arganffo* ef ni : peut-être *yr* = *y* + *ry*.

The *Bruts* (éd. Rhys-Evans), p. 307 : y vlwydyn rac wyneb *yr ymchoelawd* Henri o Iwerdon, « l'année suivante, le roi Henri s'en revint d'Irlande. »

P. 309, ac odyna *yr ymchoelassant* adref.

____

1. Cf. sur *a* = *y* non accentué en gallois, v. Nettlau, *Beiträge zur cymrischen Grammatik*, pp. 38-39.

P. 307, on lit : *yd ymchoelassant* [1].

Le *White Book of Rhyderch*, dans une partie qui est du premier quart du xive siècle, offre, à côté d'exemples nombreux de *ry*, la forme *yr* dans ce passage [2] : a chyt kemerei vi marchogyon i yda, ny allassant kelu guironed *yr daroed*, « et quoique mes chevaliers aient pris son bien, ils n'ont pu cacher ce qui est réellement arrivé. »

L'existence de la prononciation *yr* pour *ry*, sans qu'on puisse supposer une combinaison avec les particules *yd, yd,* est assurée dans ces textes ou ceux de la même époque et de la même provenance par certaines graphies :

Heng. ms. (Ruched meir), p. 223 : y mab gwedy *yr eni*.

On aurait eu en poésie :

gwedy'r eni,

cf. *ibid.*, p. 161 : *gwedy'r dyvot.*

The Bruts, p. 43 : gwedy *yr* ymgynnullaw (p. 43, gwedy *yr ymgynnullynt*).

Brut y Saesson (*Myv. Arch.*, 672. 2) :

a menegi *yr hedychu* Gruffud a mab Moelculum,

« Et faire savoir que Grufudd avait fait sa paix avec le fils de Moelculum. »

— agwedy klywet o Grufud *yr hedychu* Owein a'r brenhin,

« Et après que Grufudd eut appris qu'Owein avait fait sa paix avec le roi. »

Ces exemples sont à rapprocher de celui de la *Myv. Arch.*, 255, 2 ; déjà cité :

Pechu *yr digonsam* o gam gared.

---

1. Dans un manuscrit, ms. 20 de Peniarth du xvᵉ siècle, je relève dans un fragment publié par G. Evans (*Reports*, I, p. 343) : *er anvones — er edewis* — p. 346 *er oed* ; p. 345 *er ymlidwyt* ; *er aeth.*

2. Gwenogfryn Evans, *Reports*, II, p. 310, XXX. Au moment où j'écris ces lignes, le texte de ce manuscrit n'a pas encore été publié.

La graphie est un indice de la prononciation ; il faut lire, d'après le *mètre* : *pechu'r digonsam.*

La variante *yr golleis* est fort instructive dans ce vers (*Myv. Arch.*, 255. 2) :

> Gwae vi Duw, or dirvawr golled
> *Ry golleis* y ...

Pour comprendre cette évolution de *ry* en *ŗ* (*ry*), entre consonnes et devant voyelles, il faut se rendre compte de la prononciation très particulière de *r* gallois. Sweet, *Spoken Northwelsh*, p. 418, remarque que dans le son *rh*, *h* paraît appartenir tout autant ou presque autant à la voyelle suivante. Aussi arrive-t-il assez fréquemment que des mots commençant par *rh* évoluent en *h* : *rhuddigl* et *huddigl* ; *rhogla*, plur. de *rhogl* pour *arogl*, et *hogla* [1]. Il semble qu'il y ait scindement entre l'élément vocalique de *r* et l'élément sourd ; l'élément vocalique donne *ŗ* (yr) et *h* se joint à la voyelle ou à la consonne suivante. Dans ce dernier cas, naturellement, le phénomène n'est pas visible. Dialectalement, cette équivalence est encore frappante ; Anglesey : *yr wyll* = *rhwyll* [2].

Entre deux consonnes, l'*r* de -*ry*- montre également un élément vocalique que certaines graphies rendent sensible : L. Noir, *Diristan* = *Dristan* (Drystan) ; *cherechyt* pour *crychyd*, héron (Latin Laws, XIIIe siècle, cité par Nettlau, *Notes*, p. 120) [3] ; *Anc. Laws*, I, 114. VI. 2, *kereir* = *creir*. Les exemples de ce phénomène ne sont pas rares.

La prononciation de *r* sonore serait à étudier d'une façon plus précise qu'on ne l'a fait. Il semble bien qu'il y ait également une sorte de scindement : devant les voyelles, l'article *yr* dégage assez souvent dans l'écriture même un *h* qui, sans doute physiologiquement, n'a pas la valeur qu'il a dans *rh* ou

---

1. Cf. Nettlau, *Notes on welsch consonants, Revue Celt.*, 1889, p. 116. Fort anciennement on trouve *rr* pour *rh* : *Anc. Laws*, I, 80. 4, val hyn *er rennir* (*y rhennir*), p. 88. 27 : *y rran* (sa pard à elle). Cette orthographe est fréquente à la fin du XVe siècle.

2. Nettlau, *Notes*, p. 116.

3. *Ibid.*, p. 121 : *pyrgethu* (pŗgethu) pour *pregethu* ; *ryferyd* pour *ŗferyd* = *arferyd.*

r sourd. Il faut préalablement se rendre compte de la prononciation de *yr* non accentué : *yr* est réduit à *r* : *Anc. Laws,* I, p. 8, v. 3 *er hosb,* l'hôte.

Ibid., 66. 35, 9 : *o'r hyd,* du blé (*o'r yd*).

Ibid., 238. 33 : os *o'r hynys* hon (*o'r ynys*).

Ibid., p. 502 : *o'r heil* heit « du second essaim. »

La persistance de la graphie *yr holl* devant un nom (*yr holl gwn*) est bien connue et a même donné lieu à une fausse étymologie (*sollo-s*).

B) La particule verbale *yr, y*. — Cette particule se distingue facilement de *yr* = *ry* en ce qu'elle ne produit aucun effet sur la consonne initiale suivante.

Elle s'en distingue encore nettement en ce que, comme l'article qui a la même forme et la même origine, elle ne se montre que devant les voyelles, et non comme *yr* = *ry* devant les consonnes [1].

L'histoire de cette particule est assez extraordinaire.

Aujourd'hui, dans la langue littéraire, et, pour une notable partie du pays de Galles, dans la langue populaire, cette particule joue un rôle important.

On la trouve :

a) devant les formes du verbe substantif, au *prés.*, *imparf.*, pers. et impers., au commencement de la proposition : *yr wyf yma*, je suis…

b) devant les formes du verbe *subst.*, servant d'auxiliaire, quand l'infinitif est devant : *gweithio y bum,* j'ai travaillé (je fus en *travailler*).

c) devant tous les verbes quand un adverbe ou un nom gouverné par une préposition est placé devant : *yma y gwelaf,* ici je vois.

d) après bon nombre de prépositions employées, comme conjonction : *cyn yr af,* avant que je n'aille [2] ; *yr, y* est opposé

1. Excepté quand *yr* se joint aux prépositions que le précédent : *y, a* (avec), *o* ou la conj. *a* (et). En vieux gallois, on a partout *ir*.

2. Anwyl, *Welsh Grammar,* § 167, 194.

à la particule *a* qui joue le rôle de relatif au nominatif et à
l'accusatif, et n'apparaît que dans les propositions où le relatif, dans la syntaxe latine ou grecque, serait à un cas oblique.

Rowlands avance que les formes anciennes de *yr*, *y* sont *yd*
et *ydd*, ce qui est naturellement impossible [1].

Chose étrange, on chercherait vainement dans le *Grammatica celtica* une ligne sur cette particule.

La grammaire d'Edeyrn Davod aur ou plutôt de Williams
ab Ithel, au chapitre des particules verbales, p. 130, après
avoir fait judicieusement observer que Zeuss avait trop restreint le rôle de la particule *ry*, et montré que *ry* s'employait
non seulement avec le prétérit, le plus-que-parfait et le futur
parfait, mais encore avec le *présent*, l'*imparfait* et le *futur*, soutient que *yr* n'est autre chose que la particule *ry* : c'est *ry* ren-
versé. Williams ab Ithel ajoute cette remarque curieuse et justifiée par ce qui précède que l'expression du *Livre Rouge* :
gwae ry hen, équivaudrait actuellement à *gwae yr hen* [2]. Il a
simplement tort de confondre *yr* qui peut sortir et parfois est
sorti de *ry*, avec le pronom-particule d'origine toute différente
yr.

Le silence de Zeuss s'explique. La particule *yr* n'apparaît
avec quelque régularité que tardivement. Elle apparaît plutôt
et est d'un usage plus général en Nord-Galles qu'en Sud-
Galles. Comme le fait remarquer Nettlau [3], cette différence
dialectale s'observe dans les deux textes de la vie de Gruffudd
ab Cynan utilisés dans le *Myv. Arch.*, p. 721 et suiv. : la
version du Sud donne *ydd* là où celle du Nord a *yr* : *ydd oeddynt*
(Sud) = *yr oeddynt* (Nord); *ydd annogasant* (Sud) = *yr annogasant* (Nord). Il n'est pas vrai cependant, comme le fait remarquer Nettlau en contradiction avec John Davies et Owen
Pughe, que *yr* manque dans les textes du Sud.

D'après Strachan (*An Introduction to early Welsh*, p. 54),

---

1. *A grammar of the welsh language*, 4ᵉ éd., § 707.
2. Skene, *F. A. B.* II, p. 263. 27 :

> Gwen, gwae : *ry hen* ryth gölleïs

« Gwen, malheur! ; trop vieux, je t'ai perdu. »
3. *Observations on the welsh verbs*, Y Cymmrodor, IX, p. 90.

yr n'apparaît à côté de *yd* qu'à partir du xive siècle : on en trouve cependant un exemple dans le mss. A des *Ancient Laws* [1], 112, vi. 2 : Dioer, hep e mach, vel emay goreu e dele mach heprug e vot en mach, *er hepreghaf* vi vy mot en vach « assurément, dit la caution, de la façon la meilleure qu'une caution doit maintenir qu'il est caution, je maintiens [2] que je suis caution. »

Il est impossible de supposer ici que *er* (*yr*) soit pour *ry*, à cause du présent. D'autres mss. (B. E) ont *ed*. Un autre exemple apparaît dans le *Livre Rouge* :

F. A. B. 11, p. 294. 10 :

a meint vyd y gwascar *yr ysgrydyant*

« Et si grande sera la dispersion, qu'ils pousseront des cris [3]. »

Ce poème ne peut être antérieur à la fin du xiie siècle [4]. Il est probable, le poème étant en vers de 9 syllabes, qu'il faut lire : *yr sgrydyant*.

Dans un poème de la *Myv. Arch.*, p. 154. 2, en l'honneur de Madawc ab Maredudd, roi de Powys, mort vers 1159, et antérieur à sa mort, on trouve *yr yfais*, j'ai bu ; mais, comme *yr* se trouve devant un prétérit, on pourrait se demander s'il ne s'agit pas de *yr = ry*. Dans un poème du même poète, Cynddelw, on a *yr yfawdd*. De plus, il est fort possible qu'il s'agisse d'une forme non accentuée et évoluée de *er = ex-ro-* :

Myv. Arch., 248. 1 :

Eryveis dy win...
Er yvaf dy ved...
Eryfant anant....

---

1. Gwenogfryn Evans, *Report on ms. in the welsh language*, 1, p. 359, ms. 29. L'exemple étant à la page 112 du texte des *Anciens Laws* appartient au ms. A qui a été écrit vers 1200.

2. Le sens propre de *hebrwng* est *accompagner*. Ici, il paraît signifier *continuer à affirmer, persister à affirmer*.

3. Owen Pughe dans son *Dict.* prend *yr ysgrydyant* pour un substantif. Le contexte montre jusqu'à l'évidence qu'il s'agit d'une 3e pers. du pluriel.

4. *Métrique galloise*, II, 1, p. 356 ; *Revue Celt.*, XXI, p. 58.

« J'ai bu ton vin ; je boirai ton hydromel ; les poètes boiront... »

Ce poème, faussement attribué à un poète du milieu du XIIIe siècle, à Llywelyn Fardd, est adressé à Ywein ab Madawc ab Maredudd qui fut tué en 1185, et a tous les caractères de la métrique de la dernière moitié du XIIe siècle [1].

Dans le texte de la vie de Gruffudd ab Cynan utilisée comme variante dans la *Myv. Arch.*, p. 711, on trouve fréquemment *yr* au lieu *ydd* du texte adopté, mais ces variantes sont tirées d'un manuscrit écrit en 1651 et, comme le fait remarquer la note 1 de la page 721, c'est une adaptation presque partout de la langue de l'original au langage du Nord-Galles.

Néanmoins dans le texte même tiré d'un manuscrit de *Plas hen*, il y a des exemples de *yr*, mais avec le prétérit : p. 722. 1 : *i cymmerassant ac ir anrhydeddasant* — 722. 2 : *ir oedd* deu froder.

P. 726. 1 : *ir addawodd.*

P. 733, 2 : *ir ofnhaws* — *ir amlhaws.*

Mais ce texte n'est qu'une copie plus ou moins fidèle du texte original. Le texte le plus ancien se trouve dans un manuscrit qui est du milieu du XIIIe siècle [2].

Dans les *Bruts* on a aussi quelques exemples analogues : p. 40 (éd. Rhys-Evans) : *gynt yr oed.*

Dans le *Seint Greal* gallois on trouve des exemples de *yr* :

P. 9 : *yr yttiwch* (vous êtes). — p. 14, *yr ynt* — p. 17, *yr oed* — p. 19, *yr oed.*

Le ms. serait, d'après Williams, du XVe siècle. Chez les poètes de la seconde moitié du XIVe siècle, Dafydd ab Gwilym et Iolo Goch [3], l'emploi de *yr* est à peu près celui d'aujourd'hui. Quoique l'orthographe ait été modifiée et même modernisée dans les éditions que nous possédons de leurs œuvres, l'existence de *yr* dans le texte primitif est assurée dans beaucoup de cas par l'allitération.

1. *Métrique gall.*, II, p. 31.
2. Gwenogfryn Evans, *Reports*, I, 11, p. 339, ms. 17.
3. Iolo Goch est mort dans les premières années du XVe siècle.

Il semble résulter de ce qui précède, qu'à part un exemple, il n'est pas certain que la particule verbale *yr* existât au xɪɪ[e] siècle. On trouve uniquement :

1° *y* qui ne produit aucun effet sur les consonnes initiales suivantes.

2° *yd*, devant les voyelles et en composition [1].

3° *yd* (*yt*) qui produit l'adoucissement de la consonne suivante.

Il est de toute évidence, que *y* a perdu une consonne finale. Devant les consonnes on pourrait supposer *yr* : ce sont les mêmes phénomènes que pour l'article. Mais le fait qu'on ne trouve pas *yr* devant les verbes à initiale vocalique, ce qui est la règle pour l'article, suffit à faire écarter cette hypothèse. Une autre explication de l'éclosion de cette particule a été proposée par Strachan. Pour lui, cette particule est née devant les verbes commençant par *d*. De même que *adyn*, misérable, vient de *ad-dyn*, *yd duc* aurait donné *yd uc*. Par association avec d'autres formes verbales de ce genre, on arriva à *y duc*, et de là, avec le concours de *y* contenant un pronom infixe [2], *y* a dû se répandre comme la forme générale devant les consonnes. Quant à la forme postérieure *yr* : *y* pour *yd* : *y*, elle serait due à l'influence des formes de l'article *yr* : *y*.

Cette explication ingénieuse n'est pas sans soulever quelques difficultés. L'exemple de *adyn* n'est pas probant. Tout d'abord, *adyn* peut être fait d'après *adwr* [3] qui a le même sens : *ate-uiro-s* : *at* de *ate* a souvent le sens de changement en mal ; *ad-* d'ailleurs dans *adwr* peut représenter une racine véritable et non *ate-*. De plus *at* de *ate*, en composition avec un mot commençant par un *d* donne habituellement en gallois comme en cornique et en breton, un *t* : *at daly-* donne *atal* (ou *attal*) pour *ataly*, *at-dychwell* = *attychwel* ; *datod* ou *dattod* = *do +*

---

1. Par exemple avec *cw*, où : *L. Taliessin* : 180. 32 ; 167. 1 ; 168. 31 ; 146..1 ; 127. 6, on trouve aussi *cwt* au lieu de *cwd* (c'est-à-dire, d'après l'orth. moderne : *cwd* au lieu de *cwdd*). Le *Livre Noir* a *cwd*.

2. *Y-m gelwir* pour *yd-m gelwic* : *y* pour *yd* (Strachan, *Introd.*, § 50[b]).

3. *Adyn* se révèle comme moderne par l'absence d'infection : on devrait avoir *edyn*.

ate + *dod-*, mais, quand il s'agit de composition, surtout de composition syntactique, il faut poser en principe qu'on peut avoir affaire à des compositions d'*époque différente*, et que, par conséquent, les *résultats peuvent être différents*. Pour expliquer *y duc*, il ne faut pas parler de *iti-douce*, ni de *yd -duc*, mais de *yd duc* [1]. Dans ce cas même, il y a une distinction à faire. Si nous supposons les deux *d* prononcés avec leur valeur, nous arrivons à *t* : nous devons avoir *ytuc*, comme en cornique et en breton [2]. Les exemples en moyen-gallois à l'appui ne manquent pas : *Anc. Laws*, I. 38, *nauuetyt*, II. 452, *nawvetyd* ; *Selections from Heng. mss.* II, p. 223, *y hwechetyd* ; *Myv. Arch.*, 321. 2, *nawfetyd* ; 340. 2. *lygeittu* = *lygeid-du*. *Dafydd ab Gwil.*, 243, *brawttu* = *brawd-du* ; p. 15, *llwyttu* (ael) = *llwyd-du*. Ces faits sont mis en pleine lumière par *l'allitération* en poésie de toute époque [3]. Mais pour cette période de la langue, où nous avons *yd duc* et non *yd-duc*, il peut y avoir syncope en cas de rencontre de deux consonnes homorganes. Le fait est bien connu en breton dialectal ; en bas vannetais, au lieu de *lagatu*, œil noir, pour *lagat-du*, on dit *laga'du* ; tandis qu'on prononcera : *deiter ger*, venez à la maison, pour *deit d'er ger*. Il y a là une raison délicate de psychologie : c'est *du*, qui est dans le composé *lagat-du*, le point, l'objet principal du

1. On trouvera cette question traitée avec plus de détails dans mes *Remarques et additions* à l'*Introduction* de Strachan.

2. L'étape *ytuc* nous est représentée par la forme du *Codex de Lichfield* (*the Book of Llandav*, éd. Rhys-Evans, p. xiv) ; ostendit ista scriptio quod dederunt Ris et luith Grethi Treb-Guidauc, *imalitiduch cimarguitheit* ; M. Rhys a supposé que *imalitiduch* équivalait à un gallois actuel *y vel yth dydwg*, as…: leads thee, ce qui est possible. Il me paraît plus probable que *imalitiduch* est pour *imal it diduch*, comme l'ont exposé (ou avancé) les historiens (savants et hommes de loi) : ce qui serait en gallois moderne *fal y dydduch* ou *dyddwg* : *diduch* peut être un prétérit en *s*. *Malitiduch* a un pendant plus moderne dans le *maliduc* si fréquent dans les délimitations de champs dans le *Book of Llandav*, p. 77, *maliduc Guern Iduon in Taf*, comme conduit Guern Iduon au Taf ; *maliduc Nant duvin* comme conduit le ruisseau profond (au Taf) ; *maliduc Taf dir guairet*, comme conduit le Taf au bas. *maliduc* = *mal y dwc*.

3. *Métrique gall.*, I, p. 50-54.

composé. Au lieu de *nawfetyd*, en gallois, on trouve aussi *eilfedyd* ¹ (*Myv. Arch.*, 356. 1).

On aurait peut-être moins de difficultés en partant non de *yd*, mais de *yđ*. L'exemple le plus net, est *diwedydd* pour *diwedd dydd* auquel répond en cornique *doghageyth*; de même *trydy dydd* ; *rydid*, liberté (*d* interne est assuré par de nombreux exemples) pour *rhydd-did*. Pour la disparition de *yđ*, devant d'autres sonores, on peut recourir à l'analogie de compositions comme *gwy-bod* pour *gwydd bot* en face d'un composé plus ancien comme le breton *gouzvout*. On aurait ainsi l'explication du fait singulier que *yđ* n'apparaît que devant les voyelles.

Reste une autre difficulté : *y* serait arrivé à *yr* par analogie avec l'article *y* : *yr*. Il est impossible de comprendre qu'à une époque relativement moderne, une forme jouant exclusivement le rôle d'*article*, et exclusivement employée avec des formes nominales, puisse devenir particule verbale. Il faut que *y*, *yr* ait joué, à cette époque encore, un rôle pronominal : *ef* pronom de la 3ᵉ pers. est devenu particule verbale. Les particules verbales *yt*, *yd*, *y* ont eu d'ailleurs longtemps une valeur pronominale. Or *yr* existait comme pronom dans les formes *o'r*, *o'r a*, *o'r y*, *y'r a* dont nous allons parler plus bas. Dans *or*, si, *r* représente *yr*, et non *ry* comme l'a cru Strachan. Comme le dit la *Gr. Celt.*, p. 735, dans *ot*, *os*, *or*, la conjonction *o* a passé de la signification primitive *ex quo* à la signification d'une conjonction conditionnelle. C'est surtout vrai pour *or* : il y a des cas où il est difficile de dire auquel des deux sens on a affaire.

Il n'est pas impossible non plus que le domaine de *yr* pronominal ait été plus étendu à certaine époque : *yr* perdait régulièrement son *r* devant les consonnes. On aurait dû le retrouver devant les voyelles, mais il ne faut pas perdre de vue *que devant les voyelles, sa place lui était disputée par* YD *et*

---

1. En poésie, au cas de rencontres homorganes, on trouve la première consonne parfois élidée dans l'écriture :

Myv. Arch., 323. 1 :

          i *bri'* fardd brofi

pour : i *brif-fardd*.

yd. Peut-être des formes comme *er hepreghaf* sont-elles des restes du passé au lieu d'être des formes nouvelles. Il se peut que la forme *yr* pour *ry* devant les verbes commençant par une voyelle ait été pour quelque chose dans la fortune de *yr* pronom. Il est remarquable, en effet, que *yr* particule verbale se montre plutôt d'abord devant des temps secondaires : *yr oed, yr aethant.*

Il y a peut-être une trace de *yr* dans le breton (et cornique) *mar.* Comme le prouve l'irlandais *ma* et la forme bretonne et cornique *ma* sans *r*, *r* n'est nullement nécessaire au sens ; c'est une addition comme *χ* dans *maχ* : bret.-moy. *maχ carech*, si vous vouliez (*Gr. Celt.*[1], p. 726) : *maχ* contient la particule *χ = d* ; cf. cornique *ma-yd* (*mayth*). Il n'est pas trop téméraire de supposer que *r* représente un élément pronominal qui ne peut être que le gallois *yr*. Il est remarquable que *mar*, en breton, comme le gallois *yr* n'agit pas sur la consonne initiale suivante : *mar kirit* (ou *mar caret*) si vous voulez ; littéralement *mar kirit = ma-ĕr kirit*, si vous l'aimez (voulez). Le rapprochement de *mar*, si, avec le gallois *o'r*, si, apporte à cette identification un dernier et solide argument.

5. Les formules *or a, ar a, ar ny.*

Zimmer a longuement traité de ces formes dans la *Zeitschrift für Celtische Philologie*, 1898 ; p. 86 [1]. En débutant, il constate que la *G. Celt.* n'en parle pas, ce qui est exact ; il en serait de même de Nettlau, ce qui est inexact. En effet, il en parle dans *Y Cymmrodor*, VIII, p. 117. D'après Nettlau, *oc o* sont devenus en gallois moderne *ac, a* et sont unis avec le relatif *a* ; moyen-gallois *oc a, a'r a* ; *oc a a'ra* (écrit *or a, ar a*) est maintenant, ajoute-t-il, *aga, ara*. Il est probable qu'au lieu de *oc a, a'ra*, il a voulu dire ; moyen-gallois *oc a, or a*. Justement l'évolution de *oc, o* en *ac, a* est un des points capitaux de la thèse de Zimmer. Avant d'exposer sa théorie, Zimmer fait justice de celles de John Rhys [2] et Silvan Evans. D'après le

---

1. *Grammatische Beiträge*, ueber die *Ursprung und Gebrauch der Kymr, relativ particulen ar a ; ar.*
2. The Bruts, *Introd.*, p. XXXV.

premier, le gallois-mod. *ar a*, moyen-gallois *or a*, conserve
des traces de l'emploi de *ry*; *pawb or a welais* remonte-
rait à *pawb a ry welais*; à moins toutefois, dit-il, que l'on ne
préfère voir dans *ara*, deux fois le relatif *a*: *ara* serait à décomposer en *a r'a welais*. Pour Silvan Evans [1] le gallois mod.
a'r a représente *a-ry*: *pawb a'r a aethant* = pawb *a ry aethant*.
Phonétiquement et d'après le sens, ces théories (*a ra* pour *a ry*)
sont insoutenables, comme le prouve clairement Zimmer [2].

Pour Zimmer, la formule *or a* contient non *r* = *ry*, mais
le pronom article *yr*, *y*. Cette phrase du moyen-gallois :
pawb o'r darlleno se traduirait littéralement en latin ainsi :
pawb (quivis), *o* (ex), *yr* (eis) *a* (qui) *darlleno* (legat); cf. pour
l'emploi de *o* et *yr* : *pawb o'r gwrandewyr*, chacun des auditeurs.
Les exemples et arguments apportés par Zimmer à l'appui de
sa thèse sont des plus clairs et me dispensent d'insister sur
ce point. L'emploi de *yr* comme pronom devant le verbe est
fréquent. J'ai cité plus haut *o'r* = *ex quo*, passé de la signification
temporelle au sens conditionnel. Il y a des exemples qui
illustrent encore mieux l'origine de la formule *o'r a* que ceux
qu'a apportés Zimmer. La formule *o'r* n'a pas toujours été
accompagnée de *a* :

L. *Tal.* 230, 23 :

Bu haelhaf teckaf *o'r ryanet*.

« Il a été le plus généreux. le plus beau de tous ceux qui
sont nés ».

Cf. *Anc. Laws*, t. 48, 31-5 :

pop anrec *o'r* ardemero et.

Ibid., 440-117 :

teir sarhaet ny diwygir *o'r keffir trwy* veddot.

« Trois *sarhaet* ne sont pas réparés de ceux qu'on a par
ivresse. »

---

1. *Geiriadur Cymraeg*, I. 319, 2 en bas.
2. Zimmer se trompe quand il pose comme règle que le pronom infixe
précède *ry* : v. plus haut.

On peut traduire *or keffir* par *si on les a*, mais le sens primitif a été l'autre.

Ibid. 44-19. 6 pop gulet or bo med arney «Chaque festin (de ceux) où il y a de l'hydromel»; *r* est ici non le reste de *ry* mais la particule verbale *yr* qui ne cause pas d'infection.

Cf. 212-21 ni dyly neb *or y* diguydo tir yn y law : dans le même paragraphe : *or a digwydo*.

Selections from Heng. mss., P.217, G : pob ymadrawd *or dywettei*.

Le défaut capital de l'argumentation de Zimmer, c'est qu'il pose en principe que la formule *a'r a* est évoluée de *o' r a* et ne se *trouve jamais en moyen-gallois* (page 90). Cette grave erreur, au milieu de tant de choses justes, vient surtout de ce qu'il n'a pas compulsé la poésie galloise et que sa documentation est insuffisante ; je la complète surtout par des exemples tirés des vieux livres et des poètes du XIIe et du XIIIe siècle. :

A. — *o'r a* :

Le *Livre Noir* ne fournit que des exemples d'*a'r a* (v. plus bas B).

L. Aneur., 83, 3 :

  o'r a a aeth Gatraeth o eur dorchogyon
  ny doeth...

« Aucun de ceux qui allèrent à Catraeth de tous les porteurs de torques, ne revint... »

Le plus souvent on a : *o'r sawl* suivi non de *a* mais de *yt* avec le verbe[1].

69-26 :	o' r sawl *yt gryssassant*
96, 25 *id* :	
mais 80-14 :	o' r sawl *a welan*
99, 25 :	o'r sawl *a aythan*,

L. Tal., 126, 8 :

  Llym llifeit llafnawr llwyr y lladant
  ny byd y vedyc *mwyn o' r a wnaan*[2].

---

1. Avec *yssyd*, on n'a que *or* : *Hug. ms.*, I, p. 7 : *Kwbyl o'r yssyd. L. Tal.* 177. 14 *o'r yssyd is awyr*. La raison en est que le relatif *a* n'est pas usité, en moyen gallois, devant *yssyd, ssyd*.

2. Le texte porte *mwynor awnaent*.

« Des lames bien aiguisées les tueront net, il ne reviendra pas de profit aux médecins, de ce qu'elles feront. »

185, 25　　　　　　Tydi goreu yssyd
　　　　　　　　　　or a vu ac a vyd

« Toi tu es le meilleur de ceux qui ont été et qui seront ».

187, 9　　　　　　　ys tidi goreu
　　　　　　　　　　or a gigleu

« Tu es bien le meilleur de ceux *que j'ai entendus* (de ceux dont j'ai entendu parler) .»

Je n'ai relevé qu'un exemple de *or a* dans la partie du *Livre Rouge* publiée par Skene, mais des *ar a* :

246, 20　　　　Detwyd, *or ae gwyl ae* kar :

« le sage, tous ceux qui le voient l'aiment »

Myv. Arch., 147-1 nyd oes gystedlyd
　　　　　　　　　　I hael hefelyd
　　　　　　　　　　or a pyrth bedyd.

70-2　　　　　nyd oet ny gaffwn *or a gaffei* hael.
160-1　　　　　nyd oet ny gaffwn *or a gaffei*

« Il n'y avait rien que nous n'acquérions de ce qu'il acquérait. »

Le sens de *o'r* dans tous ces exemples est net :

o'r a signifie : *de ce, de celui que, de ceux qui* ou *que.*

Dans les *Ancient Laws*, nous avons vu au moins pour les ms. les plus anciens qu'en général *a* et *ry* s'excluaient ; ce qui n'est pas indifférent à constater pour l'origine de *r* dans *o'r a.* La formule *a'r a* a souvent pour équivalent *a* dans les ms. d'époques différentes, mais *a'ra* n'exprime guère la relation directe qu'après *pawb, pob* et un substantif, *oll, neb, creill, dim, y cwbl, y cyfan*, après des superlatifs, et dans un certain nombre de mots qui s'expliquent facilement par la signification réelle de *or a* (Zimmer, p. 102).

B. — *a'r a* :

L. Noir :

42, 22 :
    Bei as cuypun *ar un*
    ar a uneuthume bith nys gunaun

« Si j'avais su ce que je sais, ce que j'ai fait, jamais, je ne l'aurais fait ».

a'r un, d'après le mètre, est à corriger en *a'r a un*; *ar a uneuthum* est assuré par le mètre.

45, 29 : Gwledic arbennic ban geneise ohonaud,
    nid ower traethaud *ar a* tre[i]theis [1]

« Souverain chef, quand j'ai chanté à ton sujet, ce n'est pas un vain thème que j'ai traité. »

47, 3 :
    Iolune *ar a beir* Kyvoethauc
    Duv vab Meir a peris new ac elwit

« Célébrons ce que procure le riche fils de Marie, qui a créé le ciel et le monde ».

Duu, d'après la mesure, est de trop. Il faut lire : Iolune [2] *ar a beir Kyvoethauc vab Meir*.

Dans le *Livre d'Aneurin*, je n'ai relevé qu'un exemple d'*ar a*, malheureusement dans un passage altéré, dont le sens n'est pas clair.

Il appartient au morceau fort important connu sous le nom de Gorchan Maelderw, où on peut relever plusieurs restes d'orthographe du vieux-gallois :

100-23 :
    Kein gwodeo e celyo ery vyhyr
    o hanav *ara fysgut*
    af eiryangut :

Pour *a'r* ⹀ *a ry*, dans ce *Livre*, v. plus haut, p. 343
Pas d'exemple chez Taliessin.

---

1. Le texte porte *tretheis*; la lecture *treitheis* indiquée par le sens est assurée par la version de la *Myv. Arch.*, p, 190. 2 : nid ofer draethawd *a rydreutheis*, le poème est attribué avec raison à Cynddelw qui s'y nomme d'ailleurs dans la version de la *Myv*. L'orthographe est rajeunie.

2. *e* pour *ne* (ny) : la *nota augens* ne compte pas.

L. Rouge, 289, 9. (Elégie de Cynddylan) :

> *a r a vu* nat ydynt

« Ceux qui ont été ne sont plus. »

258-26 :   Nyt atwna Duw *ar a wnel*

« Dieu ne défait pas ce qu'il a fait. »

308-11 *ar a vo diffyd* divennwir

« Celui qui sera sans foi sera méprisé. »

Myv. Arch. :

157-2 :   . . . a gorvynt a dygaf
                wrth ar a volaf a voleis y gynt.

« Je portais envie, vis-à-vis de celle que je loue et que j'ai louée déjà. »

167-2 :   nyd *ar an perchis* an peirch ny weithon

« Celui qui nous a honorés ne nous honorera plus maintenant. »

168-2 :   Wrth *ar am carai*

« Vis-à-vis de celui qui m'aimait. »

230-2 :   Gwaent hwy *ar a wnaeth* eu pennaetheu

« Ils déplorèrent ce qu'avaient fait leurs chefs. »

Ici on peut comprendre : ils se lamentaient *sur ce qu'avaient fait leurs chefs. Gwaent* est tiré de *gwae*, comme l'indique le vers suivant :

        Am Ruffudd gwaewrudd *gwae* finnau.

225-1 :   *ar a fo* goreu gwir y dygir

« Ge qu'il y a de mieux, assurément, on le porte (en terre). »

249-2 :   *ar a vynnwy* Duw nyd egregi[1] itaw

« Ce que Dieu aura voulu, ne lui est pas... ? »

---

1. Le sens de *egrygi* n'est pas sûr.

Les *Mabinogion* nous fournissent au moins un exemple important d'*ar a* qui a échappé à Zimmer :

148 :

ac *ar a oed* velyn oe wisc ef ae varch, a oed kyn velynet a blodeu y banadyl, *ac a oed* goch onadunt…

« Ce qui était jaune de son vêtement à lui et de celui de son cheval, était aussi jaune que les fleurs du genêt, et ce qui en était rouge… »

En voici un autre des *Selections from Heng. mss* :

II. p. 449 :

> nyt oed neb *ar ath welei ar nyth garei*

« Il n'y avait personne qui te vît, qui ne t'aimât point. »

En exceptant ce dernier exemple, il est frappant que *a'r a* équivaut nettement à *a* et ne peut s'expliquer, pour le sens, par *o'r a* (*ex quo, ex quibus*) : il s'agit d'un sujet précis, sujet ou complément. Au point de vue phonétique, il est également certain que dans ces exemples, *ar a* ne sort pas de *or a*. La seule conclusion logique qu'on puisse tirer de ce qui précède, c'est que la langue a vu dans l'*a* de *ar* de la formule *ar a* une valeur relative précise. *Ar a* aurait-il été formé d'après *o'r a*, qui au XIIe siècle gardait encore sa signification précise ? Les deux formules ont dû coexister. Zimmer a donné des exemples de *a = o* en gallois, dans des formules comme *truan a chwedyl*[1], une triste histoire (*une triste d'histoire*) à côté de *truan o ddyn*. Les deux formes coexistent, *a* représentant comme

---

1. Cette formule est bien connue en breton : eur brao *a botr, eur vrao a blac'h*, un beau garçon, une belle fille. Zimmer, p. 113, note 1, croit que j'ignorais cette construction : il n'y en a pas avec laquelle je fusse plus familiarisé. Si j'ai proposé pour le passage des Mabinogion dont il parle *kadarnav ungwr* au lieu *kadarn aungwr*, c'est que je pensais à des constructions analogues avec le superlatif, par exemple, dans Daf. ab Gwilym, *decca'dyn decca'planed*. Il a raison d'ailleurs, je crois, de conserver *kadarn a un gwr*.

a breton et cornique une forme indo-enropéenne proclitique
**po* ; *o* représentant un vieux-celtique *ao*, indo-européen *apo*.
De même que *o* et *a* coexistaient, *or a*, *ar a* ont pu également
se former dans des cas que nous ne pouvons plus préciser ;
ar a, lorsque la composition de *ar* a été moins claire, aura eu
la préférence dans des cas où le relatif représente le nominatif
ou l'accusatif, par suite d'une association de son avec la particule *a*. Ce qui semble le confirmer, c'est l'existence de la
formule *ar ny*. Je n'ai rencontré qu'une fois *or ny* :

Anc. *Laws*, I, 128–36 :

er argluid essit vach ar pop da adeuedic *or ni* mach arnaw

« Le seigneur est caution pour tout bien abandonné pour
lequel il n'y a pas de caution. »

Les exemples de *ar ny* sont assez nombreux en poésie et en
prose[1]. Dans la plupart des cas, *a* dans *ar ny* ne pourrait
être l'équivalent de *o* dans *or*, et cela à une époque où la valeur
de *or a* était nette. Cet exemple suffira : creadur pop peth *or a*
weler ac ar ny weler « créateur de toute chose qu'on voit (de
tout ce qu'on voit) et qu'on ne voit pas (*Heng. ms.* II, p. 438,
35, 15). Ici *a* dans *ar* pour l'écrivain avait la valeur de *a*
relatif. Supposons la proposition non négative ; nous aurions :
ac *a* weler.

Il se peut qu'il se soit passé ici quelque chose d'analogue à
ce que nous avons constaté pour *ar a*, *or a*. Zimmer peut
avoir raison, lorsqu'il voit dans l'*a* de *ar ny*, la forme anciennement évoluée de la proclitique *o*[2] = **po* indo-européen.

Il n'y a pas eu, dans le cas d' *ar ny*, évolution de *or* en *ar*
très certainement, comme c'est possible pour *or a*. Il y a eu
préférence de la forme *ar ny* et son emploi à peu près exclu-

---

1. *L. Noir* : 5. 6, 9, 17 ; *L. Rouge*, 246. 2 ; *Myv. Arch.*, 182. 1 ; 194. 1 ;
228. 2 ; 232. 1.

2. *oc* a le sens de *o*, comme *ac* le sens de *a* ; on le trouve aussi avec le
sens du français *à* (ad) : *oc eu karediccaf vrawt* à leur frère très chéri (*Llang.
ms.* II, p. 212).

On trouve *oc a* au lieu de *o'r a* ; et même *ac a* (*Anc. Laws*, I, 398. 6
(gwbyl *ac a vo* yn ol).

sif dans les cas où il fallait sentir nettement la valeur relative (nominative ou accusative) de *a* ; *ar* était sûrement arrivé à être considéré, dans cette formule, comme l'équivalent de *a* : on ne sentait plus la composition, comme cela s'est passé pour *or*, où la valeur de *r* dès le xiie-xiiie siècle n'était plus sentie.[1]

§ 4. CONSTRUCTION ET FORME DE LA PARTICULE *ro* EN CORNIQUE ET EN BRETON-ARMORICAIN.

A. CORNIQUE

I. CONSTRUCTION. — 1° La particule *re* n'est *jamais* accompagnée d'aucune autre particule verbale : *a* et *re* s'excluent (v. *Revue Celtique*, 1909, pp. 1-19). Dans Lhwyd (*Arch.* préface au cornique, p. 222) on trouve :

An for a rykemeraz « la route qu'il a prise »

Mais Lhwyd a confondu *ry* particule avec *rig* (*gruk*), prétérit du verbe faire (*Revue Celt.*, 1908, p. 7).

2° La *particule re n'accompagne jamais la négation*. Il n'y a aucune exception.

3° Les pronoms infixes sont toujours entre *re* et le verbe. (Cf. *Rev. Celt.*, 1909, p. 1 et suiv.

Sg. 1e *pers.* : *O. m.* 87 : ty *ru-m gruk*
746 neb *ru-m* gwerthas
R. D. 1645 : an emprour *rem* danfonas
Gwreans 855 : ty *ram* tullas vc.

2e *pers.* : *O. n.* Benneth an tas *re-th* fo
P. D. 2097 : *reth* fo crok

3e *pers. mas. neutre* : *O. m.* 852 : my *re-n* servias ef
P. D. 149 : my *ren* collas
B. M. 1277 : neb na vo *rengeffo* crok

---

1. A signaler l'emploi de *ar* dans le sens de *o*, après des mots signifiant espèce, sorte : *math ar...* =: *math o...* (Silv. Evans, *Dict.*, p. 318, col. 2 : *ar* 4), avec *math* = *bath* (monnaie, objet frappé), cela s'explique : *bath ar*, frappé sur, d'après.

 J. Loth.

Pluriel 1ᵉ pers. B. m. : 1337 :
 Ihesu... *regen* gueresas

2ᵉ *pers.* O. m. 1723 : banneth an tas *ragas bo*
  2585 : benneth an tas *reges* bo
  B. m. 3746 mysschef *regis* doga.
  P. B. 2322 : a thew harlot, *res* bo spit.

3ᵉ *pers. Pascon*, 216-1 : *resteffo* mur vylyny
  B. M. 1268 an ioule *res* pela

Revue Celtique, 1909, j'ai traduit par mégarde : « que le diable t'écorche ». Il faut corriger : « que le diable *les* écorche. »

II. Effet de *re* sur les consonnes suivantes. — En dehors des cas où *re* est séparé du verbe par un pronom infixe, *re* transforme les occlusives sourdes initiales des verbes suivants en sonores et les occlusions sonores en spirantes sonores (de plus *m* en *v* ; *gw* en *w*) : pour les exemples, v. plus haut, pp. 69-126. *Exceptions générales* : 1° avec le subjonctif-optatif du verbe substantif *re* ne produit pas infection : on a toujours *rebo, reby* (*Ibid.*, p. 84).

2° Il en est de même avec *bea, bye* (*byea, bya*) ; v. *Ibid.*, p. 79-80, ajouter :

Pascon, 219-2. Cf. *rebea*.

On trouve aussi plus fréquemment *rebue* que *revue*. Il y a en outre des exceptions apparentes. La mutation n'est pas toujours écrite.

Parfois, c'est le pronom infixe qui y est caché :

B. M. 4227. Ihesu...

 retrehava the war lur

« Que Jésus te relève du sol. »

 Retrehava est pour *re-th drehava*

En cornique moderne, on trouve la mutation sonore faible, même à l'optatif. Cependant je relève dans le morceau de *John Choy an ur* (Lhwyd, *Arch.*, p. 253, 44) : đa dew *robo* gorzê-hes.

Lhwyd, comme nous l'avons vu, s'est laissé tromper par de fausses identifications, et ne mérite, à ce point de vue, aucune confiance. Il a même fait, après *rig* (*grig*), des mutations fautives, qui ne se justifiaient qu'après *ry* :

Arch., p. 242, 2 : ty *rig golla* worty.

« Tu l'as écoutée » (tu as *fait l'écouter*) : *golla* est pour *colla* = gallois *coelio*.

III. Forme de re. — La forme à peu près invariable du moyen-cornique est *re*, c'est-à-dire -*rŏ* avec *ŏ bref*. Avec le pronom infixe -*m*, ce son *ŏ* est modifié quelque peu ; la graphie la plus fréquente est *rum* ; *rem* est rare. Dans Gwreans on a *ram* et *rom* (855, 1119). Naturellement avec les pronoms de la 2e pers. du pluriel, *agas*, *ages*, on a souvent *ragas*, *rages*, mais aussi *reges*, *regis*.

Re pouvait, dans certaines formes optatives, perdre sa voyelle :

B. m. 1076 :   *Do-r-sonà* dyugh...

« Dieu vous bénisse ».

sona = gallois *swyno*

Cf. Borde (xviie siècle) : *Durzona* (*Revue Celtique*, p. 1909, p. 19).

Cf. Pryce :   *Dur-dala*

« Dieu vous le paye. » (*Ibid*).

En cornique moderne, on trouve *ro* dans *robo* (v. plus haut, p. 365) et aussi *ra* : *andelarabo*, ainsi-soit-il, pour *andelna rabo*... *Re* n'est pas rare ; Lhwyd a écrit parfois *ry* sous l'influence du gallois.

En somme, c'est toujours *rŏ* plus ou moins modifié par des sons voisins, et plus ou moins ouvert ou fermé.

B. BRETON-ARMORICAIN

I. Construction. — *Ro*, comme nous l'avons vu, ne se présente en breton moyen qu'avec l'optatif.

Le pronom infixe se place entre *ro* et le verbe (voir plus haut, pp. 87-88).

II. Effets de ro sur la consonne initiale suivante. — L'occlusive sourde devient sonore, et la sonore, spirante. Naturellement, en moyen-breton, la mutation n'est pas toujours faite (*ibid.*, p. 87).

III. Formes. — En vieux breton on a *ro* :
ro ricsenli, ro-gulipias (*ibid.*, p. 19).

Par une évolution phonétique régulière, *ro* a évolué en *ra*, en exceptant le vannetais qui a *re = rö* (*ö bref*), et une partie de la Cornouaille ; la voyelle initiale du pronom infixe influe naturellement sur *ro* (*ibid*, p. 88).

Sg. 1ᵉ *pers.* : *ram, rem.*
   2ᵉ *pers.* : *raz.*

Plur. 1ᵉ *pers.* : *ron.*
   2ᵉ *pers.* : *roz.*

Aux conditions générales développées (v. plus haut. p. 92 et suiv.), sur le rôle et la valeur de *ro* en brittonique, on peut ajouter les suivantes :

1° D'après la cornique et l'usage des textes gallois les plus anciens et les plus conservateurs, la particule *ro* n'était accompagnée d'aucune des particules verbales restées en usage (*it, id, ir, a*).

2° D'après la cornique, le gallois et le breton, les pronoms infixes étaient entre *ro* et le verbe.

3° D'après l'usage invariable du cornique, et certains textes gallois, la particule négative *ni* n'était pas accompagnée de *ro*.

L'absence d'adoucissement en cornique à l'optatif du verbe substantif, et au conditionnel *bye*, après *ro*, semble indiquer qu'en cornique, à une époque plus lointaine, il y a eu après *ro* et d'après les mêmes principes qu'en gallois moyen, tantôt adoucissement, tantôt non.

            J. Loth.

ADDITIONS ET CORRECTIONS

P. 9 : *ri-ceus* est plutôt à rapprocher de *am-kawd*, il dit, parla ; plur.
amkeudant, que l'on trouve dans le *Livre blanc de Rhydderch*,
notamment dans la version de Kulhwch et Olwen. Ce serait un
prétérit en *-s*, avec infection à la 3e pers. du sg.

P. 13. 118 : au lieu de *c'est bien toi que j'aime*, il faut *c'est bien toi que j'ai
aimée* (à laquelle j'ai donné mon amour).

P. 14, ligne 21 : Il y a entre *ti a gereis* et *yt rygereis*, cette différence que
dans *ti a gereis*, Kulhwch indique le moment où il a com-
mencé à aimer, tandis que dans *yth rygereis* là continuité jusqu'au moment présent est affirmée.

P. 31, l. 28 : au lieu de *du texte*, lisez *des textes en....*

P. 39, note 1 : au lieu de *Levis Gl. Chots*, lisez *Lewis Gl. Cothi*.

P. 42 : Imp. aux formes dites passives, au lieu de : pour les formes en *-ri*,
lisez : pour les formes en *-ir*.

P. 48, l. 28 : au lieu de *yt*, lisez *y*.

l. 33 : au lieu de *ry phydaf*, lisez *ry phrydaf*.

P. 49, note 3 : au lieu de *saltus ferinus* de GAUFREI DE MONMOUTH, lisez
saltus ferinus ATTRIBUÉ A MYRDDIN.

P. 53, l. 11 : au lieu de *neit*, lisez *neithuir*.

P. 54, l. 9 : au lieu de *tru*, lisez *tra*.

P. 58, l. 8 : au lieu de *gwaret*, lisez *guaret*.

P. 64, l. 20 : au lieu de *que la première caution*, lisez *qu'il atteste d'abord*.

P. 66, l. 20 : au lieu de *ry weniaw*, lisez *ry wniaw*.

P. 84, note 1 : après *se trouve*, ajoutez *dans*.

P. 85, l. 15 : au lieu de *mas*, lisez *mais*.

P. 110 : au lieu de 3° RY; lisez 2° RY.

P. 117 : au lieu de 4°, lisez 3°.

P. 137 : au lieu de 4°, lisez § 4.

P. 156 : au lieu de 5, lisez § 5.

P. 159 : au lieu de § 4, lisez § 6.

TABLE DES MATIÈRES

§ 1 : La *particule* RO (RY) dans les temps et modes :

A. En gallois : *vieux-gallois*.................................... page 9

Gallois-moyen :

1º RY avec le prétérit primaire.................................. 9

2º avec l'imparfait et le condit................................. 32

3º avec le plus-que-parfait..................................... 36

4º avec le conjonctif.. 38

5º avec le conjonctif dans le sens optatif ou impératif...... 44

6º avec le futur... 48

7º avec le présent de l'indicatif.............................. 55

8º avec l'infinitif.. 64

RY en *gallois moderne*.. 68

B. *Cornique moyen* :

1º RE avec le prétérit primaire................................. 69

2º avec le plus-que-parfait..................................... 79

3º avec le subj. dans le sens de l'optatif...................... 81

RE en *cornique moderne*... 85

C. RE en *breton armoricain* :

Vieux breton... 86

Breton moyen et moderne.. 87

§ 2 : *Valeur de la particule verbale* RO........................ 89

§ 3 : *Construction de la particule verbale* RO *en gallois* :

1º RY en dehors de la composition avec les pronoms infixes 109

2º RY avec les pronoms infixes................................. 110

3º Influence de RY sur la consonne suivante.................... 117

§ 4 : *Formes de la particule* RY................................ 137

A. YR = RY.. 138

B. La particule verbale, YR, Y.................................. 144

§ 5 : *Les formules or a, ar a, ar ny*........................... 151

§ 6 : *Construction et forme de la particule* RO *en cornique et en breton armoricain*.

A. Cornique.. 159

B. Breton-arm.. 161

MACON, PROTAT FRÈRES, IMPRIMEURS

LES CLASSIQUES FRANÇAIS DU MOYEN AGE
Collection de textes français et provençaux antérieurs à 1500
PUBLIÉS SOUS LA DIRECTION DE MARIO ROQUES,
directeur à l'École des Hautes Études

La Chastelaine de Vergi, édité par GASTON RAYNAUD. In-8, IX-31 p. **0** fr. **80**
VILLON. **Œuvres**, éditées par UN ANCIEN ARCHIVISTE. In-8, XVI-124 p. **2 fr.**

Classiques castillans (Les). Éditions de « La Lectura » de Madrid. Chaque
volume de 300 à 400 pages, in-8, broché...................... **3 fr.**
— Reliure espagnole, peau, **5 fr.**; toile, **4 fr.**
Œuvres parues : **Santa Teresa.** — Tomo I. *Las Moradas.* **Tirso de Molina.** —
Tomo I. *Teatro.* — **Cervantès,** *Don Quijote,* tomo I. — **Garcilaso.**

L'ARMÉE ROMAINE DE BRETAGNE
PAR
L. LE ROUX
AVEC CARTES
In-8 : 147 pages.................................. **6 fr.**

Vient de paraître :

JEAN CALVIN
INSTITUTION DE LA RELIGION CHRESTIENNE
TEXTE DE LA PREMIÈRE ÉDITION FRANÇAISE (1541)

Réimprimé sous la direction de M. ABEL LEFRANC, prof. au Collège de France,
directeur adjoint à l'Ecole des Hautes-Etudes,

par HENRI CHATELAIN, agrégé, docteur ès lettres, prof. à l'Université de Birmingham,
et JACQUES PANNIER, pasteur licencié ès lettres.

Premier fascicule. Introduction par ABEL LEFRANC. Préface et texte, 9 fac-similés de
l'Institution jusqu'à la page 432. — *Deuxième fascicule.* Texte de l'Institution de
la page 433 à la fin. Résumé analytique par J. PANNIER. Index et notes typogra-
phiques par H. CHATELAIN.

2 forts volumes in-8 de 57*-843 pages et 9 fac-similés, se vendant ensemble : **25 fr.**

LES SECRÉTAIRES ATHÉNIENS
par MAURICE BRILLANT, élève diplômé de l'Ecole pratique des Hautes-Etudes.
In-8 de V-148 pages.................................. **4 fr.**

OUVRAGES DE M. A. LONGNON
Membre de l'Institut.

Études sur les Pagi de la Gaule, 1re partie : l'Astenois, le Boulonnais et le Ternois.
1869, gr. in-8. 2 cartes. (Épuisé).
— 2e partie : les Pagi du diocèse de Reims. 1872, gr. in-8. Avec 4 cartes. **7 fr. 50**
Livre des vassaux du comté de Champagne et de Brie, 1172-1222, publié
d'après le manuscrit unique des archives de l'Empire. 1869, in-8......... **10 fr.**
Examen géographique du tome I des Diplomata imperii (Monumenta Germaniæ
historica). 1873, in-8.................................. **2 fr.**
Paris pendant la domination anglaise (1420-1436), documents extraits des registres
de la chancellerie de France. 1877, in-8.................... **10 fr.**
Documents parisiens sur l'iconographie de Saint-Louis. 1881, in-8.... **8 fr.**
Manuel de géographie ancienne, de H. Kiepert, tr. par E. ERNAULT. Ouvrage
accompagné d'un avant-propos et remanié en ce qui concerne la Gaule par
A. LONGNON. 1887, in-8.................................. **6 fr.**
De la formation de l'unité française. Leçon professée au Collège de France, le
4 décembre 1889. 2e édition. 1904, in-8........................ **1 fr.**
Polyptique de l'abbaye de Saint-Germain-des-Prés, rédigé au temps de l'abbé
Irminon, publié par Auguste LONGNON, 1885-1895, 2 vol. in-8.......... **20 fr.**

9 782019 914868